나의 이름표

황연희 수필

나의 이름표

황연희 수필

지금까지 가정에서, 직장에서, 사회에서
여러 호칭과 직책으로 불린 나의 이름은
무엇으로 각인되었고 또 남을까?

생각나눔

| 작가의 말 |

나는 왜 수필을 쓰는 걸까? 52년째 일기를 쓰고 있어서? 일상이나 좋은 문장을 기록해 두면 안심이 된다. 가끔 일기장을 훑어보면 상황이 좋지 않을 때 습관처럼 마무리에 "그럼에도 불구하며"라며 다짐하고 다독이는 내용이 많다. 오랜 기간 이야기 같은 시를 쓰고 있으나 좀 더 자세하게 삶의 흔적을 남기고 싶다. 글을 잘 쓰려면 머리에 쥐가 나도록 신경을 써야 한다는데 나는 그런 적이 없다. 연연하지 않고 마음이 개운할 만큼만 쓴다. 스쳐버리기 아까운 이야기를 쓰고 있으면 존재감과 에너지가 생긴다.

은퇴하고는 딴 세상에 와 있는 듯하다. 문학 수업이 있는 날은 학교에 간다고 생각한다. 인생은 한 번의 화끈한 열기로 살 수 없기에 하나하나 하고 싶은 것 하면서 자신에게 잘 보이려고 한다. 책이나 사람을 통해서 배운 지식 중에 나를 이끈 신념의 말들이 많다. 자주 활용하는 구절 몇 가지다.

- 절망은 어리석은 자의 결론이다. (눈앞이 캄캄할 때)
- 운명아 비켜라, 용기 있는 내가 간다. (걸림돌이 있을 때)
- 역경에 부딪힐수록 가슴이 뛴다? (역설, 자기 실험)
- 나는 자석처럼 좋은 것을 자기 쪽으로 끌어당기는 힘이 있다. (긍정 에너지)
- 삶을 대하는 태도에 따라 천당과 지옥을 왔다 갔다 하겠지. (일상에서)
- 최고의 업적은 세상에 좋은 영향을 끼치는 일이다. (통 큰 사고)

내 삶과 글쓰기에 관심을 가지고 응원해 주는 가족, 친구, 지인들께 고마움을 전한다.

황연희

| 차 례 |

작가의 말 · · · · · · · · · 4

제1부
나의 이름표

1년에 한 번 쓰는 편지 · · · · · · · · · 12
갈 데까지 간 분들? · · · · · · · · · 16
겸손과 솔직함 · · · · · · · · · 20
고구마 캔 날 · · · · · · · · · 23
골목대장 친구 · · · · · · · · · 27
귀한 몸을 싣고 · · · · · · · · · 31
1일 1,032원 · · · · · · · · · 35
나의 이름표 · · · · · · · · · 38

제2부
시간을 지배하다니

내 손이 내 딸이다 · · · · · · · · · 44
내 혼에 불을 놓아 · · · · · · · · · 48
특별한 선물 · · · · · · · · · 51
손편지 · · · · · · · · · 55
숫자 4 · · · · · · · · · 58
시간을 지배하다니 · · · · · · · · · 61
신사답게 · · · · · · · · · 65
아버지가 계실 · · · · · · · · · 68
언니님 · · · · · · · · · 72

제3부
내가 스승이라고?

기회포착의 방 · · · · · · · · · 78
나는 학생이다 · · · · · · · · · 82
내가 스승이라고? · · · · · · · 86
동무 생각 · · · · · · · · · · · 90
엄마, 그 피가 흐르고 있을 · · · 95
외나무다리가 있었던 곳 · · · · 99
우리는 여걸5 · · · · · · · · · 103
제발 겨울철만이라도 · · · · · 106

제4부
바람의 노래

리더의 길목에서 · · · · · · · 112
막내 삼촌 · · · · · · · · · · 115
무 · · · · · · · · · · · · · · 119
바다에 누워 · · · · · · · · · 122
바람의 노래 · · · · · · · · · 125
밥심으로 · · · · · · · · · · · 128
방문객 · · · · · · · · · · · · 131
복 많이 받으세요 · · · · · · · 135

제5부
봄을 심는 여인들

봄을 심는 여인들 · · · · · · · · 142
봉산댁 딸로 해 주세요 · · · · · · 146
산불예방 비상근무 · · · · · · · 150
생명의 서(書) · · · · · · · · · 153
생 일 · · · · · · · · · · · · 156
서울 구경 · · · · · · · · · · 159
우리 읍내 · · · · · · · · · · 162
윷놀이 · · · · · · · · · · · 165

제6부
저 눈부신 햇살 속에

가을 운동회 – 저 눈부신 햇살 속에 · · · 170
이런 꿈은 그만 · · · · · · · · 174
'이젤'도 사놓았는데 · · · · · · · 177
읽을거리 · · · · · · · · · · · 180
자기소개하기 · · · · · · · · · 184
좋은 생각 · · · · · · · · · · 187
지하철 사랑 – 그날을 떠올리며 · · · 191
코스모스를 닮아서 · · · · · · · 195

제7부
혼자만 알고 있는 약속일까

그해 여름, 홍역 같은 일 · · · · · · · 202
이런 날도 있네(칠순 잔치) · · · · · · · 205
청운심(淸雲心) · · · · · · · 209
하모니카 · · · · · · · 213
하얀 발자국 · · · · · · · 217
한 입만 덜 먹으면 될걸 · · · · · · · 220
내 마음에 향기가 날 때 · · · · · · · 223
향 이 · · · · · · · 226
혼자만 알고 있는 약속일까 · · · · · · · 231
화전놀이 · · · · · · · 235

제1부

나의 이름표

1년에 한 번 쓰는 편지

오늘은 엄마의 23번째 기일이다. 첫 기일에는 대구 남동생 집에서 엄마가 입원해 계실 때 우리 부부가 녹음한 테이프를 들었다. 묵묵히 듣고 있던 형제(가족들)들이 훌쩍거리더니 급기야 큰소리로 울었다.

나는 다른 형제들과 달리 엄마가 입원해 있을 때 거리도 멀었으나 학교생활과 직장 일로 자주 가지 못했다.

어느 날, 어떻게 하면 엄마가 잠시라도 행복한 마음을 가질까 고민하다가 문득 오래전 라디오 프로그램에서 김영운, 고춘자가 진행하는 「민요백일장」이 떠올랐다. 부모님은 집에서나 밭에서도 그 시간을 놓치지 않고 들으셨다. 그때 나도 같이 들으며 배운 노래가 몇 곡 있다. 그중 엄마는 「매화타령」을 좋아해서 내게 자주 불러달라고 하셨다. 노래가 끝나면 다시 「찔레꽃」도 해보라고. 「찔레꽃」은 엄마가 어릴 때 의형제를 맺은 친구가 잘 불렀는데, 일찍 하늘나라로 떠나서 보고싶고 그리워서라고.

녹음할 때 자주 뵙지 못해 죄송하다는 말씀과 함께 노래를 부르게 된 동기를 담았다. 「찔레꽃」은 남편과 함께, 「매화타령」은 혼자 불렀다. 엄마는 병실에서 수시로 노래를 들으며 눈물을 훔치셨단다. 옆 환자에게 "내 마음을 가장 잘 아는 딸"이라면서 듣고 또 들으셨단다. 잠시나마 고통에서 벗어나 노래를 들으며 좋아했을 엄마의 눈물 맺힌 얼굴이 아른거린다. 슬픔 속에서도 짧은 이벤트는 의미있었다. 이 일이 계기가 되어 엄마 기일 때면 편지를 올린다. 1년 동안 있었던 일 중 엄마가 좋아할 만한 소식이나 조언받고 싶은 내용을 쓴다. 주로 형제들 근황이다. 가끔은 친지, 엄마 친구분들 안부를 전하기도 한다. 해마다 기일이 가까워지면 형제들한테 엄마께 알릴 소식이 있으면 말해 달라고 부탁했다. 형제들은 편지에서 중요한 내용이 누락되지 않도록 소식을 전했다.

편지가 가장 빛을 본 날은 엄마의 여섯 번째 기일이었다. 예전에 고향에서 자녀들이 서로의 엄마들에게 '아지매'라고 불렀던 적이 있다. 우리 윗집에 살았던 형제들은 칠 남매다. 이 중 다섯 자매가 찾아왔다.

서울, 부산, 대구, 대전, 안동, 예천사람들이 대구 남동생 집에 모였다. 공교롭게 세 명이 우리 형제와 친구다. 다섯 자매가 마음을 합해서 제수를 준비해 왔다. 풍성한 이야깃거리와 웃음도 가지고 왔다. 제사상 앞에서 편지를 읽는데 훌쩍거리는 소리가 끊이지 않았다. 나중에 각자 엄마에게 한마디씩 하며 화기애애한 자리가 되었다. 다섯 자매한테 감사 인사로 김춘수 시인의 「꽃」을 낭송했더니 분위기가 무르익었다. 부산에 사는 내 친구는 "오늘 아지매가 엄청 좋아하시겠다." 뉴스감이라며 부러운 티를 냈다. 이듬해, 친구는 「아지매 제삿날」로 수필 등단을 했다.

올해는 4남매 내외가 우리 집에 모여 투표 절차를 거쳐, 셋째 사위가 회장에 당선한 이야기를 전해서 좋아하실 것이다. 엄마의 유언이 형제 간에 우애있게 살라고 했다. 마침 남동생이 영천에 농막을 지어서 꽃이 피고 과일이 열리면 사진을 찍어서 형제들 카톡에 올리고 놀러 오라고 한다.

이곳에 가면 밭에 심은 먹거리만큼 마음이 풍성해진다.

엄마께 편지를 쓰면 마음이 가지런해진다. 시간이 지남에 따라 형제들이 더 돈독해져서 알릴 걸 묻지 않고도 편지를 쓸 수 있다. 차곡차곡 쌓이는 편지는 무엇보다 가치가 있다. 중요한 일들을 엄마한테 알렸으니 할 일을 제대로 한 듯해 뿌듯하다. 가끔 복잡한 일로 마음 정리가 어려울 때 속으로 엄마께 여쭤본다. 이렇게 하면 우리 딸 참 잘했다고 할까, 아니면 다시 한번 생각해 보라고 할까? 엄마라면 '이리 말할 거야.' 생각하면 마음 정리가 빠르다. 엄마는 내가 어떤 이야기를 하면 "마음에 쏙 드네." 자주 말하곤 했었다.

엄마, 당신이 바라는 자식들의 모습은 무엇인지요? 말씀대로 형제들끼리 서로 소중히 여기며 우애있게 살려고 합니다. 당신 맏사위와 큰딸은 칠십이 넘었고, 막내딸 빼고는 모두 육십이 넘었습니다. 저희는 이름있는 칠순, 육순 행사도 중요하게 여기지만, 하루하루 잔치를 맞는 기분으로 재미나게 살자고 했습니다. 내년에도 따뜻한 소식 전하겠습니다.

갈 데까지 간 분들?

📖 발틱 3개국 여행을 위해 리투아니아 빌니우스 공항에서 내렸다. 여행객은 30명. 가이드가 조를 짜서 알려준 후에 우리는 버스에 올랐다. 장시간 비행기를 타서인지 모두들 지쳐 보였다. 다행히 기다리고 있던 현지 가이드는 한국 사람이었다. 그가 우리에게 처음 한 말은 "여기에 여행 온 분들은 갈 데까지 가신 분들이죠?"다. 무슨 말을 꺼내야 분위기를 살릴까 궁리한 듯하다. 조금은 황당했는데 누군가가 "맞아요." 하자 좌중이 금방 웃음으로 바뀌었다. 어색함과 침묵을 깨는 게 눈 깜빡할 사이였다. 그는 코로나 팬데믹 이후 한국 사람이 이곳을 다녀간 게 여덟 번째라며, 일거리를 줘서 고맙다고 했다. 여행 중에도, 집에 와서도 계속 '갈 데까지 가신 분들'이라는 말이 떠올랐다. 어디까지 가야만 갈 데까지 가는 걸까?

내가 해외여행을 처음으로 간 건 2001년 가을이었다. 공무로 일본에 갔는데 엄마가 매우 좋아했다. "너 고등학교 다닐 때 집안 형편이 어렵다고 수학여행 가지 않고 나중에 해외여행 많이 할 거라고 하더니 드디어 가는구나." 엄마가 이리 좋아하시다니! 가능성을 생각하지도 않고 엄마한테 언젠가는 세계 일주를 할 거라고 했었다.

새해 달력이 나오면 연휴 일자를 찾으며 여행 계획을 세웠다. 무엇보다도 가슴이 떨릴 때 가는 게 맞다 싶었다. 넓은 세상, 갈 곳이 많지만 우선 교과서에서 배웠던 유적지와 호기심이 있는 나라를 가기로 했다. 빠른 욕구 충족을 위해 유명한 곳을 꼭 들르는 패키지 여행이 안성맞춤이었다. 여행사에서 보호해 주므로 편한 마음으로 가이드 말을 따르면 된다. 부지런히 움직이면 이른 아침이나 저녁 시간에 새로운 장소를 둘러볼 수 있다. 낯선 땅을 한군데라도 더 밟아보려는 작은 야망이다. 한때는 여행지에서 가이드 설명을 놓칠까 봐 안달할 때도 있었다. 이제는 돌아서면 잊어버리기에 발품을 팔아서 그곳의 풍광을 가슴 속에 저장하려고 한다. 자세한 건 인터넷에서 찾으면 되니 여행이 편리해졌다. 다만, 아직도 질보다 양이 우선인 것 같아서 뭣 하지만, 여권에 출입국 도장이 하나씩 찍힐 때마다 뿌듯해서 만료 기간이 지난 여권도 보관하고 있다.

이번 여행은 특이하다. 그동안에는 부부 동반으로 오는 사람이 두세 쌍이 될까 말까였다. 친구 여러 명이 뭉쳐서 올 경우, 뭔가 밀리는 기분이 들었었다. 남편은 "당신만 있으면 돼." 했으나 늘 여성들이 많아서 불편했다. 그런데 무슨 횡재인가!

처음으로 11쌍의 부부가 왔다. 알고 보니 한 쌍은 70대 중반인데 부부가 아니고 초등학교 동창이란다. 여성 분은 그동안 동창회에 나가지 않았는데, 남편과 사별한 지 4년 후에 처음으로 남자 친구를 만났단다. 각각 서울, 부산에 거주하며 이번 만남이 네 번째란다. 골프를 쳐보니 마음이 맞아서 함께 왔다고. 말수가 적은 그녀는 다른 분들과도 잘 어울렸고, 내게는 속마음을 얘기했다. 딸들에게는 동창 몇 명과 함께 여행한다고 '하얀 거짓말'을 했다며 잘한 것인지 물었다. 남자 동창과는 차 안에서는 나란히 어깨를 대고 있지만, 같은 방을 써도 살갗이 닿은 적은 없다고 했다.

그 말에 거부반응이 없었고 그럴 수 있겠구나 싶었다. 독방을 쓰면 돈이 추가로 들어가지만 돈 때문이 아니라 같이 있고 싶어서 그럴 수 있을 테니까. 다만, '앞으로도 갈 데까지 간 분?'이 아니었으면 하는 바람이다.

일행 중에 실제로 갈 데까지 간 분들이 있었다. 이들 부부는 교직 생활을 하면서 방학 때 여행을 많이 했단다. 은퇴 후에는 수시로 다녀서 160여 개국을 다녀왔단다. 아직도 더 가고 싶은 곳이 있느냐고 물으니 세계 나라 수가 240여 개국이 넘으니 당연히 있다고. 여행의 참맛을 아는 듯 여유롭게 즐기는 모습이 돋보였다.

책이나 언론매체에서 사람의 체질과 평균 수명 등을 고려해서 나눴다는 생애주기를 보면, 만 65세까지가 청년이고 66세부터 79세까지가 중년이다. 이는 단순히 숫자가 아닌 건강관리가 가장 큰 관건일 테니 잘 해석해야겠다. 가이드가 여행 오신 분 중에 만 65세 이상이 19명이라고 했는데 모두 건강해보였다. 70세가 넘으면 장시간 비행으로 여행이 어렵다고 생각했는데 용기가 생겼다. 이들 대부분이 편안한 옷차림으로 다녔다. 무슨 음식이든, 어느 풍경 앞에서도 초연했다. 스스로 여행 규칙을 만들어서 적응을 잘하며 불평없이 여행하는 게 최고의 덕목 같았다.

엄마한테 세계일주 이야기를 했기에, 시간이 지날수록 범위를 정해야겠다는 생각이 들었다. 질은 둘째 치고 '50개국 정도 다녀오면 되겠지?' 했는데 벌써 목표를 달성했다. 호기심과 욕구 충족은 여기까지라고 말하며 여행을 멈춰야 만 숙제를 한 걸까. 갈 데까지 가야지 하는 마음으로 계속 여행한다면 무엇이 변할까? 다녀온 곳을 떠올리며 점을 찍고 선을 그리며 동그라미를 연상해 본다. 생각만으로도 오래도록 미소가 피어나 여행을 가지 않아도 갈증이 없는 날이 오길 소망해 본다.

겸손과 솔직함

📖 학창시절에는 공부 잘하는 친구가 멋져 보였다. 더 보태서 예쁘기까지 하면 부러웠다. 어느 때부터 멋있는 기준이 달라졌다. 그의 현실과 살아온 과정은 참고만 한다. 어느 한 가지라도 몰두하며 분주하지 않고 즐겁게 살면서 겸손하면 돋보인다. 자랑할 일이 있어도 자랑하지 않는 건, 삶이 충만하거나 습관에서 나오는 배려심일 수도 있다. 모순되게 나는 피할 건 피하고 알릴 건 알리면서 사는 편이다. '피알'하며 산다. 내가 진솔해서 매력적이고 재미있다고 말하는 사람도 있다. 가끔 남편과 모임에 갈 때 "당신이 한마디 해." 하면 머뭇거리지 않고 말한다. 조용히 있거나 겸손한 말투의 사람은 무슨 생각을 하는지 모르고 내숭 떠는 것 같아 불편해서 가까이 지내고 싶지가 않았다. 진솔한 이야기만이 통할 수 있다고 믿었던 때, 어깨를 툭 치는 책을 만났다. 발타자르 그라시안의 『세상을 보는 지혜』다.

"사람들이 추측하게 하라." 거부반응이 왔다. "자신이 의도하는 바를 남이 알지 못하게 하라." 갈수록 태산이었다. 사람들과 교류하는 경우 속마음을 모두 드러내면 그 의도는 높이 평가되지 못하고 흠만 잡힐 뿐이란다. 작가의 마음이 엉큼한 건가? 자세히 말하면 수다스럽고 이미지에 손상이 가서? 문장에 밑줄을 그어놓고 수시로 읽어봐도 수긍이 되지 않는….

한 번도 대화를 나눠보지 않은 사람끼리는 서로를 모르니 쉽게 입이 열리지 않아 그럴 수 있지만, 알고 지내는 사이라면 말을 돌려서 이야기하거나 침묵하면 오해를 살 수 있다. 물론 너무 있는 그대로 솔직하게 말하면 당황할 수도 있다. 시간이 한참 지난 후에야 지혜롭게 살려면 진솔과 더불어 겸손의 미덕이 중요하다는 걸 느끼고 있다. 작가를 비판만 할 뻔했다.

어느 모임에서 절친 네 명이 만났다. 한 친구가 핸드폰에서 3살 된 손주 사진을 보여주면서 "이 사진 좀 봐, 너무 귀엽지 않니? 얘는 인상 쓰고 울 때도 이뻐."

처음에는 모두 번갈아 보며 "이 녀석, 똑똑해 보이고 귀엽구나." 했단다. 이후 다른 친구가 또 사진을 보여주며 "우리 손주 춤추는 것 좀 봐, 너무 깜찍하지 않니?" 30분이 넘도록 자랑이 이어졌단다. 자녀 두 명 모두 결혼은 물론, 취업도 하지 않고 있어 애를 태우고 있는 한 친구가 급기야 인내심이 바닥이 났는지 "이제 그만해라." 하며 자리를 박차고 나가자 분위기가 썰렁해졌다고.

손주를 본 사람들의 이야기를 들으면 자기 자식을 키울 때와

다르게 아이가 너무 예뻐서 자랑하고 싶어 입이 근질근질하다고 한다. 카톡에 수많은 사진을 올리고 동영상을 봐도 보고 또 보고 싶단다. 툭하면 자식한테 손주 사진을 보내달라고 독촉도 한단다. 아직 손주가 없으니 모르겠으나 각자의 상황과 입장이 이해가 된다. 없는 말 지어낸 게 아니고 솔직하게 하고 싶은 말과 행동을 했으니까.

가끔 사는 게 힘들다고 신세 한탄하며 조언을 구해오는 후배가 있다. 대부분 스스로 판단해 놓고 물어보는데 생활신조나 알고 있는 말을 하며 그도 그렇게 살도록 유도하려고 한다. 상대는 단답형을 요구한 것인데 좋은 결론을 내려줘야 하지 않을까 생각하기도 한다. 옳다고 생각하는 말도 상대편 입장을 살핀 뒤, 말하는 게 겸손이 아닐까? 솔직함에서 중요한 것은 남을 존중하고 자기를 내세우지 않아야만 되겠지?

고구마 캔 날

남편이 퇴직하고 처음으로 고구마를 심은 지 123일째 되는 날이다. 고구마를 캐기 위해 서울에서 시아주버님, 형님들이 오셨다. 남편이 심었지만 이를 가슴 설레며 맞이할 사람들이 모인 게다. 고구마를 캐는 날 아침, 이른 식사를 하고 부산하게 움직이며 소풍 가는 기분으로 밭에 갔다. 온통 푸르름으로 덮여 있는 밭. 저 속에서 뱀이 나오면 어쩌나 싶어 덜컥 겁이 났다. 작은형님과 남편이 용감하게 낫으로 넝쿨을 헤치고 비닐을 걷어냈다. 어머님께 칭찬받고 싶어서 힘을 낸 듯했다.

몇 달 전에 밭 바로 위에 있는 산소를 새롭게 단장했다. 시증조부모님부터 우리 내외(가묘)까지 4대의 묘가 나란히 있는지라 어르신들이 우리를 지켜보고 있으실 거라는 마음이 전제되어 있었다.

고구마 캐기는 생각보다 쉽지 않았다. 부드러운 땅이 있는가 하면 돌 같이 단단해서 삽을 이용해야 캘 수 있는 곳도 있었다.

각자 몇 줄씩 맡았는데 한 줄을 캐고 나니 허리가 아팠다. 나만 처음 해보는 게 아닌데, 캔 지 오래되어 그런가 싶어서 참으며 캤다. 지난날, 잠깐 해 본 경험으로 호미를 잘 다루기는 서툴렀다. 어느 한 부분을 잘못 건드리면 하얀 진액이 나왔다. 순식간에 흙빛으로 변한 걸 보면 고구마의 심장을 건드린 것 같아서 미안하고 안타까웠다. 평온한 가슴을 할퀴고 상처나게 만든 손이 원망스럽기도 했다. 고구마 몸에 약을 발라줄 수가 없기에 아기 다루듯이 조심했다. 공교롭게 모두 생김새가 달랐다. 인물이 훤하고 열매가 주렁주렁 열린 것을 캘 때는 누구나 환호성을 치며 고구마를 치켜들어 보여주었다. 뿌리만 잔뜩 뻗어놓고 달랑 새끼손가락 크기의 작은 알 하나만 나오는 것은 염치도 좋다며 웃었다. 주로 척박한 땅에서 자란 것이 그랬다. 아차, 그도 비옥한 땅에서 살고 싶었을 테고 영근 알을 맺은 친구가 부러웠을 텐데.

때가 되면 사람들의 손에 이끌려 나와야 하는 그의 숙명은 하루빨리 세상에 나오고 싶었을까, 더 여물고 싶었을까?

세상 밖으로 모습을 드러내자마자 주목받기도 하고 또 환영받지 못하는 경우, 사람과 무엇이 다를까? 씁쓸했다. 제대로 자라지 못한 고구마는 나름대로 살아보려고 안간힘을 쓰느라 뿌리를 뻗었을 것이고, 초라한 모습이지만 살아있음을 증명하려고 했으리라. 나의 이런저런 생각에도 아랑곳하지 않고 토양의 질에 따라 성장이 다른 게 당연하다는 듯한 표정을 짓는 고구마는 천하태평이다. 이랑에 누워 불어오는 바람에 몸을 말리면서 우리의 웃음 소리가 들려오기만을 기다리는 분홍빛 얼굴.

　남편이 재미로 한다고 했는데 욕심을 부려서 많이 심어버렸다. 그동안의 노력과 땀으로 치면 사서 먹는 편이 훨씬 더 낫다. 오전에는 참을 먹는 것도 잊었다. 부피가 늘어나는 것과 누가 더 멋진 작품을 캘까에만 열중했다. 오후가 되자 체력에 한계가 와서 남은 이랑만 세었다. 고구마를 캐기도 힘들었으나 크기별로 담고, 차로 나르고 싣는 일 또한 만만하지 않았다. 10킬로그램의 상자를 옮기며 모두들 지쳤다. 우리의 이런 모습을 보고 어머님은 어떤 생각을 하실까? 작은형님은 흐뭇해하실 거라 했고, 큰형님과 나는 애지중지했던 아들이 힘들어서 병날까 걱정하실 거라고. 분명한 것은 우리를 응원하면서 행복한 웃음을 지으셨겠다고 결론 내렸다.

　고구마 농사는 많은 의미를 부여했다. 잦은 비와 태풍에서도 잘 버티고 태어나 우리 부부 양가 형제들, 시댁 형님들의 사돈댁을 비롯하여 낯선 곳으로 각각 흩어진다. 긴 시간에 걸쳐 성장하며 열매를 만들었으니 어디로 가든 환영받으면 좋겠다. 사람들이 저마다 그릇의 크기에 맞추어 살고 있듯이 고구마도 쓰임새에 따라 다양한 맛을 낼 수 있으리라. 굽은 허리를 펴며 곧 택배로 실려나갈 고구마를 쓰다듬어 본다. 잘생긴 것이든, 작고 못생긴 것이든 끝까지 자신을 지킨 그들에게 박수를 보낸다.

배웅 받는 장한 고구마들이여, 무사하길!

수확을 거둬들인 밭은 텅 비었지만 우리들의 마음밭은 더 넓어졌다. 산소 앞에서 우애라는 둘레 한 겹을 더 만들어준 남편이 고맙다.

골목대장 친구

📖 초등학교 5학년 때 우리 마을에 골목대장이 있었다. 친구들끼리는 줄여서 '골대'라고 칭했다. 골목대장은 키가 크고 몸집도 컸다. 그녀를 따르는 사람은 동갑이거나 두세 살 어렸다. 우리는 등하교를 하며 같이 다닐 때가 많았고, 밤이든 낮이든 틈만 나면 놀았다. 덩치 때문인지 어떤 제안을 해도 꼼짝없이 따르고 복종했다. 그러던 그녀는 중학교 졸업 후 자취를 감추었다. 하지만 고향 친구들을 만날 때마다 한때 우리의 우상이었던 골목대장 이야기가 늘 등장한다. 공부는 잘했는지 모르겠고 고무줄넘기 등 어떤 놀이를 하더라도 제일 잘했다.

어느 날, 밤에 자기네 집으로 친구들을 불러모아서 막걸리 한 잔씩 따라주었다. 우리는 술을 먹으면 안 된다고 생각하면서도 거역할 수 없어 공손히 받아서 눈을 감고 넘겼다. 술기운으로 기분이 고조되자 그녀가 「용두산 엘레지」를 가르쳐주었다. 한 소절 부르면 모두 따라불렀다. 이 노래의 절정은 "한 계단 두 계단 일

백구십사 계단에- 사랑 심어 다져놓은 그 사람은 어디 가고 나만 혼자 쓸쓸히."라는 부분이다. 그녀는 눈을 감고 마치 신이 들린 사람처럼 손바닥을 치며 박자를 맞췄다. 구성진 목소리에 넋을 놓고 바라보았다. 그녀가 마치 노래 속의 주인공 같았다. 덕분에 초등학생 때부터 어떤 노래든 가사의 의미를 새기며 부른다. 2019년부터 텔레비전에서 트로트 열풍이 일었다. 더군다나 몇몇 가수들이 「용두산 엘레지」를 부르는 것을 보며 그녀가 더 그리웠다. 지금까지 어떤 삶을 살았으며 또 어떻게 살고있는지 궁금했다. 그녀도 과거의 기억을 간직하며 가끔 우리를 생각할까?

　몇 년 전에 고향친구 집안 결혼식에 갔다가 뜻밖에 그녀 연락처를 알았다. 너무나 반가워서 바로 연락을 취했는데 무응답이었다. 이후 두 번 더 카카오톡을 보냈으나 답장이 없었다. 삶이 찌들어있거나 지난 일을 잊었는가 싶어 더는 미련을 두지 않기로 했다. 그런데 내가 보낸 마음이 고여있었는지, 얼마 전에 그녀에게서 전화가 왔다. 손이 떨렸다. 듣고 싶었던 목소리!

　"나 전라도에 사는데 부천 딸 집에 오니 갑자기 네가 보고 싶어서 전화했어."

　당장 달려가고 싶었으나 여행 중이었다. 소중한 것이 눈앞에 있는데 놓친 것 같아 안타까웠다. 다음에는 미리 연락하고 꼭 만나자고 했다. 예전의 위엄은 전혀 느껴지지 않았다. 소리 내어 웃으며 자기가 연락하면 친구들 데리고 전라도로 놀러오라고 했다.

역시 골목대장이 연상되는 그녀다운 말이었다. 그 당시 그녀가 나를 가장 예뻐했다고 생각한다. 그녀에게 적극적으로 연락을 한 것도 이런 마음이 깔려있었을 테다.

그녀와 만날 날을 기다리는 마음이 진해지고 있을 때, 직장일로 전남 나주에 있는 교육원에 갔다. 초여름 저녁, 시간을 내어 그녀를 만나러 광주 송정역에 도착하자, 얼굴도 마주하기 전에 눈물부터 쏟아져 나왔다. 서로 못 본 지 40년을 훌쩍 넘겼다. 친구는 오래도록 이곳에 살았으나 밖에 잘 나오지 않아서 지리를 모른다고 했다. 내 눈은 개찰구를 향해 집중했다. 쏟아져나오는 사람들 속에서 두리번, 두리번거리며 나오는 그녀가 있었다. 어릴 때 보았던 키 큰 아이가 아니다. 문득문득 그리워했던 사람이라 먼발치에서 보아도 한눈에 알아볼 수 있었다. 다리가 조금 불편해 보이고 왜소한 모습이다. 우리는 한참 동안 부둥켜안았다.

궁금하고, 보고싶은 마음이 컸으나 다른 사람들처럼 밥 먹고 차 마시며 이야기를 나눴다. 남편은 저세상으로 가서 혼자 살고 있다며 나를 만날 생각에 잠도 설쳤다고 했다. 먼 곳까지 와서 자기를 찾아준 게 고맙다고 말했다. 혹시 그녀가 고향 소식이 궁금하지 않으면 어쩔까 했는데 그렇지 않았다. 우리에게 고향이라는 공통분모가 있어서 어색하지 않았다. 끊임없는 이야기로 과거와 현재를 섞어가며 대화를 나눴다. 오래되어도 그리움으로 각인된 과거는 영혼을 살찌운다. 그녀가 그때 나를 제일 좋아했다고 해서 그 시절의 으쓱함이 다시 살아나는 듯했다.

그녀는 요즈음 등장하는 학교폭력 우두머리와는 달랐다. 이문열의 『우리들의 일그러진 영웅』에 나오는 엄석대처럼 비열하거나 지능적이지도 않았다. 우리를 의도적으로 지배하려거나 위협하지도 않았다, 그녀에게서 무서움을 느끼고 떨거나 맞은 사람은 없다. 다만, 잘 보이려는 친구들은 있었다. 그 시절 골목대장이 없었으면 친구들끼리 싸우며 놀았을지도 모른다. 그녀에게 '우리의 일그러진 영웅이 아닌 진정한 리더'였다고 하니 쑥스러워하며 '골대'라는 별명이 듣기 싫었다고 말했다. 그래도 우리를 데리고 다녔던 그 골목길을 다시 한번 누비고 싶다니 웃는다. 이제는 씩씩한 모습은 찾아볼 수 없고, 목소리도 작아진 그녀. 하지만 그때는 분명 그릇이 컸던 그녀. 얼마 전에 병원에서 연골이 약하다며 수술을 받으라고 하는데 무서워서 못하고 있다니 뜻밖이다.

골목대장 친구야! 어릴 때 우리를 호령하던 그 기백은 어디로 갔니, 얼른 수술받고 힘차게 걸을 수 있길 바란다.

귀한 몸을 싣고

"내리세요."

"왜 내려야 하는데요?"

"내리세요."

"이 차를 타야 가는데 못 내려요."

80대로 보이는 할머니와 버스 운전기사가 한참 동안 실랑이를 벌인다. 멈춰서 움직일 생각도 하지 않고 큰 소리만 오간다. 뒤 차들이 빽빽거린다. 불안한 마음으로 가는 것보다 내려달라고 할까? 아무도 빨리 출발하라고 말하지 않는다.

할머니는 내리지 않고 운전기사한테 요금이 얼마냐고 묻는다. 기사는 요금은 말하지 않고 무조건 내리라고 한다. 지방에 살다가 와서 묻는데 뭘 잘못했는지 말하라고 하자 "할머니 같은 분들 많이 봐 왔어요. 1,500원이라고 하면 1,100원만 내거든요." "내가 그렇게 보여요? 손에 쥐고 있는 돈이 1,500원인데 보세요!" 그는 확인하지 않고 "자리에 앉으세요."하고는 출발한다. 인내심을 가지고 대화를 들으며 기분이 나빴다. 옆에 앉은 아주머니도 못마땅한 표정이었으나 가만히 있었다. 할머니는 화난 마음을 달래려는지 신호등에서 차가 서자 기사한테 사과하라고 했다. 그는 단숨에 "못 해요."한다. 왜 못 하느냐고 해도 대꾸를 하지 않는다. 어쩌면 그리 뻔뻔스러운지! 나도 화가 나는데 할머니는 얼마나 속이 상할까?

지금이라도 나서서 한마디 할까? 생각뿐이다.

더는 상대할 사람이 아니라고 여겼는지 할머니는 잠자코 계신다. 불쾌한 기분으로 사거리 가까이로 가고 있는데 운전기사가 길게 경적을 울린다. 앞 승용차 운전자에게 빨리 좌회전하라는 신호다. 순간, 상황과 전혀 관계없는 이대흠 시인의 「아름다운 위반」이라는 시가 떠올랐다. 같은 직업을 가진 운전기사라도 하루에도 수십 번 여러 갈래의 생각들로 손님을 맞이할 게다. 이미 주황색으로 바뀐 신호등을 보며 앞차가 멈췄다. 보지 않아도 씩씩거리고 있을 운전기사는 승객을 뭘로 생각하는 걸까? 이제 난 폭운전까지 하니, 이러다가 사고가 나면 어떡하지?

수류탄을 품고 다니는 사람 같아 등골이 오싹하다. 불쾌함이 불안으로 바뀌었다. 위험을 동반한 차 안에 있는 것보다 할머니를 위로해 드려야겠다. 혹시 나보다 한두 정거장 빨리 내리면 따라 내려야지….

할머니는 도착지가 어딘지 내릴 기미가 없다. 나는 다음 역이 목적지라서 곧 내려야하는데 벨을 누르지 않았다. 그때 맨 앞에 탄 여성분이 일어나더니 할머니 곁에 가서 말을 붙인다. 위로의 말을 하는 듯해서 안심되었으나, 한발 늦었다는 생각에 얼굴이 달아올랐다. 그 여성이 내리기에 나도 따라 내렸다. 그녀를 부르며 할머니께 무슨 말을 했는지 물어보았다. "운전기사가 참 나쁜 사람."이라며 할머니가 큰 상처를 받았을 테니 마음 잘 추스르라고 했단다. 저도 지켜만 보고있어서 미안했는데 잘하셨다며 헤어졌다. 아무리 생각해도 할머니가 뭘 잘못했는지 모르겠고, 누가 봐도 말이 안 되는 싸움이었다. 이런 일이 버젓이 일어나고 있는데도 침묵하는 분위기는 뭔가?

 꼴불견 같은 일이 벌어진 버스 안처럼 불친절로 발생하는 교통민원이 많다. 소문대로 **번 버스도 가끔 정류장에서 멈추지 않고 지나쳐서 차를 못 탄 날이 있었다. 그냥 두면 또 그럴까 싶어서 버스회사와 관공서에 신고한 적이 있다. "소귀에 경 읽기." 격인지 반복되는 횡포! 운전기사의 심성이 바뀌지 않는 한 계속되겠지? 남의 일이라고 해도 속에서 끓어오르는 화를 삭이면 건강에 좋지 않다.

 오래전, 시골장날 어떤 아주머니가 버스비를 덜 내어서 운전기사한테 혼나는 걸 본 엄마는 귀한 몸을 싣고 왜 그러는지 화가 났다고 했다.

그런데 할머니는 정당하게 차비를 내고 탔는데 봉변을 당했다. 인정사정없고, 잘못해도 사과한 적이 없는 듯한 기사의 태도는 어디에서 나오는 걸까? 그동안 나쁜 손님들을 얼마나 많이 봐 왔기에? 속이는 사람보다 그렇지 않은 사람이 더 많을 텐데. 혹시 손님들을 상대하면서 아물 수 없는 깊은 상처가 생긴 건지, 딱한 생각마저 든다. 지금까지 승객이 한 명도 없는 차를 운전해 본 적이 없는 걸까? 승객들한테 눈은 못 맞추더라도 그들 때문에 당신이 운전한다는 걸 왜 모를까? 언젠가 마을버스에 혼자 앉아 있으면서 기사 눈치를 본 적이 있다. 제발 내리기 전에 한 명이라도 타길. '기사님 힘 빠지지 않게 해 주세요.' 주문까지 한 적이 있다.

운전기사도, 승객도 서로가 소중하다는 걸 느낀다면 불미스러운 일이 벌어지지 않으리. 모두가 방관하고 있는데 할머니께 위로의 말을 전한 여성분.

귀한 몸을 싣고 귀한 행동을 한 그녀가 있어서 다행이었다.

1일 1,032원

 22년 전에 집을 샀을 때 내부가 마음에 들지 않았다. 전에 살았던 사람이 집을 수리한 지 얼마 되지 않았다고 하는데 화장실과 몇 가지가 그랬다. 더구나 이사를 오가는 날이 같아서 수리하지 않고 5년 정도 살았다. 원하는 집 구조로 환경을 바꿔야 진짜로 우리집이 되는 거라고 생각했다.

리모델링을 하려고 모든 가재도구를 물류회사 창고에 맡겼다. 한 달 동안 오피스텔을 빌려서 살았다. 빈집에서 공사가 이루어졌다. 남편이 아는 사람에게 맡기자는 걸 안 된다고 했다. 공사하다가 언짢은 일이 생기면 말하기 불편할 수 있기 때문이다. 집에서 가장 가까운 거리에 있는 공사업체에 맡긴 건 하자가 생겼을 경우 쉽게 봐줄 수 있고 행여 소문이 날까 속이는 일도 없을 거라는 생각이었다.

직장 일로 공사과정을 지켜볼 수 없어서 업체 대표에게 믿는다며 잘해달라고 했다. 좀 더 좋게 하려고 몇 번이나 설계변경을 해서 어느 정도 흡족하게 마무리되었다. 담배 피우는 사람이 없어서 아직도 벽지와 바닥이 깨끗한 편이다.

다만, 부엌 설치 문제로 남편과 불협화음이 있었다. 남편은 가전제품 등 물건에 관심이 많다. 부엌은 좋은 제품으로 해야 한다며 이곳만 다른 업체에서 하자고 했다. 같은 업체에 몽땅 맡겨야 전체적으로 균형을 잡을 수 있다고 했으나, 고집을 꺾을 수 없었다. 집을 짓거나 고치다가 부부가 다퉈 공사를 마무리하지 못하고 갈라섰다는 말을 들은 적이 있다. 삐거덕거릴 걸 예상하면서도 양보했었다. 업체 대표는 기분 나빠했고, 양쪽에서 공사하면 불편하다며 얼굴을 붉혔다. 부엌만 맡은 업체에서도 미안해했다. 우여곡절 끝에 리모델링이 완성되었다.

시간이 흐르자 공교롭게도 부엌 싱크대만 탈이 났다. 싱크대 상판 이음새가 벌어졌고 싱크 볼 아래 배수관이 낡아 있었다. 얼마 전부터 부엌에 들어갈 때면 노래 불렀던 기억은 사라졌고 신경이 쓰였다. 시댁, 친정 가족이 오는 날은 나의 흠이 들킨 것 같아 더 그랬다. 남편은 싱크대를 교체하려면 복잡하니, 흠이 있는 곳만 때워서 쓰면 안 되느냐고 말해 화가 나서 제발 이번 싱크대 교체에 대해서는 모르는 척하라고 했다. 강하게 나오니 민망한지 고생이 많겠다고 하는데 기분이 좋았다.

부엌 전문업체를 찾아가서 상담하고 견적을 받았다. 10년 정도 사용한다고 간주하고, 때가 덜 타고 흠이 생겨도 잘 안 보이는 재질로 교체해 달라고 했다. 기본형으로 하게 되면 377만 원이 든단다. 달라는 금액을 그대로 줘야 속는 기분이 들지 않는다. 기존에 있었던 스탠드바 의자 두 개를 놓은 싱크대 끝부분은 잠시 분위기 있는 공간으로 사용하다가, 의자가 높아서 사용하지 않았다. 의자 아래 스테인리스에는 늘 먼지가 달라붙어 있어서 마음을 어둡게 했다. 불청객이 될 줄 몰랐던 이곳에 수납장을 넣으려니 교체공사가 간단하지 않았다. 철거하고 공사하는 데 이틀이 걸렸다. 집 안과 복도에서 틀을 다듬고 맞추는 작업이 그리 복잡하고 시간이 오래 소요되는지 몰랐다. 소음도 나고 먼지도 많았다. 집안 둘레를 비닐로 막아서 불편했다.

    드디어 공사 완료! 수납공간이 늘어나니 잡다한 물건들이 어깨를 펴고 있다. 싱크대 색깔이 환하고 매끈해서 마음까지 다듬어진 것 같다. 배수구인지도 모를 정도로 깨끗한 싱크 볼에서 흐르는 물소리가 듣기 좋다.

    아들이 퇴근하고 부엌으로 들어와서는 마음에 든다며 싱글거린다. 교체비를 환산하더니 "10년 기준으로 1일 1,032원 들었네." 한다. 미처 생각하지 못했는데!

    싱크대를 교체하고 나니, 인생을 새로 시작한 기분이 든다. 작은 변화를 주었을 뿐인데 마음에 잔잔한 물결이 인다. 그동안 왜 그리 뜸을 들였을까?

나의 이름표

📖 내 이름 석 자를 자세히 본 기억은 중학생 때부터다. 교복을 입은 학생은 이름표를 반듯하게 달고 있어야 한다고 생각했다. 고등학생이 되자 친구들 대부분은 이름표 아래에 실을 달고는 언제든지 교복 상의 왼쪽 주머니에 넣을 수 있도록 해 두었다. 길에서 남학생들이 볼까 숨기려고 그런다고 했다. 내 생각은 달랐다. 비가 와도 눈이 와도 달았다. 옷핀에 붙은 녹물이 흘러 교복 주머니에 얼룩이 배고 구멍이 나도 달고 있었다. 이름표를 달지 않으면 마음이 흐트러져서 모범학생이 될 수 없다는 생각에서였다.

직장에서 이름표를 다는 행위는 언제나 나를 가다듬게 만든다. 오늘 하루도 온전히 나로 살고 있다는 기분 때문이다. 누가 내 이름을 불러주면 기분이 좋았다. '황 양'이라고 부르는 것은 듣기 싫었다. '황 여사님'도 싫었다. 황연희 씨라고 불러주는 사람이 좋았다. 고향에서 근무하다가 수도권으로 옮겼을 때 예전에 옆자리 앉았던 직원이 말해주었다. "민원 몇 분이 늘 단정하게 이름표를 달았던 황연희 씨는 왜 안보이느냐고."내 이름표가 각인된 모양이다.

구청에 근무할 때 출장 갈 일이 생겼다. 동료는 이름표를 떼고 가라고 했다. 이름표가 없으면 나를 알아보기 어려울 거라니까 못말리겠다며 웃었다. 통장과 약속한 장소에 도착하니 여자분이 서있었다. 그분은 나를 보자 먼저 "전화했던 직원 맞네요." 신뢰가 가는 공무원이라며 집으로 데리고 가서 차와 과일을 주셨다.

어떤 직원은 내게 이름표 다는 것을 왜 좋아하느냐고 물었다. 혹시 나중에 시의원이나 국회의원 나오려면 미리 이름을 알리려고 그런다니 재미있다고 했다.

내 마음속에 진정 그 지위를 부러워했는가? 어느 날 아들이 엄마 퇴직하면 시의원에 출마하느냐고 물었다. 왜 그런 말을? 언젠가 엄마가 말했던 게 생각났단다. 옆에서 듣고 있던 남편도 나 가보라고 해서 늦었지만 그 말 취소한다고 말했다.

기분 좋게 이름표를 단 것은 지방자치 인재개발원(구지방행정연수원)에서 6개월간 장기교육을 받을 때였다. 전국에서 모인 교육생 42명, 모두 처음 보는 사람들이었다. 강당 앞에서 등록하려는데 이름표가 놓여있었다. 우리에게 이름표가 없었다면 서로를 알아가는 시간이 오래 걸렸을 것이다. 얼굴 보며 이야기를 나눌 수 있지만 궁금한 것은 그 사람이 어느 시군에서 왔으며 이름이 뭔가가 궁금하다. 이름은 사람에게만 있는 게 아니다. 식물, 동물

등 만물에 다 붙여져 있다. 사람을 그리워할 때는 얼굴과 이름이 떠오른다. 꽃이 보고 싶을 때도 코스모스, 개나리, 진달래— 형상과 함께 이름을 생각한다. 오늘 아침에 공원에 가니 눈을 맞고 있는 회양목 앞에 이름표가 붙어 있었다. 누군가의 친절한 손길로 그 나무가 더없이 당당해 보였다.

몇 년 전 이름표를 단 사람 중에 부러운 분들을 만났다. 안동 도산서원 앞에서 7, 80대로 보이는 어르신들이 가슴에 이름표를 달고 해설을 듣고 있었다. 길이 미끄러웠을 텐데 간절함이 발길을 이끄셨으리라. 배움에 대한 호기심으로 수첩에 열심히 적으며 고개를 끄덕이는 분들은 행복한 얼굴이다. 젊음은 나이와는 크게 상관없는 것 같다. 꿈과 의욕이 있다면 젊음을 유지할 수 있으리. 그분들의 가슴에 달린 이름표가 숭고해 보였다. 누구에 대해 이야기할 때 이름이나 호칭을 말한다.

지금까지 가정에서, 직장에서, 사회에서 여러 호칭과 직책으로 불린 나의 이름은 무엇으로 각인되었고 또 남을까? 은퇴하면 허망해질까 미리 준비한 경력을 넣어서 성급히 명함을 만들었다. 한동안 잘 사용하다가 언제부턴가 누군가에게 건네고 나면 민망해서 보관만 하고 있다. 이름 석 자로 충분하니 조용히 살자고 하면서도 가끔 명함을 만지작거린다. 앞으로 어떤 새로운 호칭으로 태어날까는 내 몫이다. 세상에 조금이라도 유익을 끼치는 이름으로 남고 싶다.

제2부

시간을 지배하다니

내 손이 내 딸이다

📖 마음 공부를 중요하게 여겼던 시기인 30대 초반에 50대 중반의 남성이 TV에 출연했다. 자기는 몸 구석구석이 기름을 칠한 듯해서 자유자재로 움직일 수 있다면서 다양한 동작을 취했다. 그때는 '참 드문 분이구나.'라고만 생각했다. 내 나이가 50대 중반으로 들어서자 가끔 그 장면이 떠올랐다. 몸이 얼마나 부드러우면 기름칠이라는 표현을 쓸까? 마음이 시킨다고 몸이 움직이는 건 아닐 테지? 그럼 몸 공부에 집중한 건가?

요가 학원에 등록했다. 사계절 따뜻한 공간에서 호흡을 고르고 스트레칭을 하면 몸이 펴지고 키가 크는 듯했다. 뻣뻣한 몸이라도 금방 부드러워지겠구나!

처음에는 기대 이상으로 만족하며 따라 했다. 시간이 갈수록 동작 강도가 높아졌다. 대부분의 수강생은 하라는 동작을 잘 따라하는데 나만 중심을 잡기 힘들어서 비틀거렸다. 이를 악물고 버둥거리니 강사가 안쓰러운지 자기 몸에 맞게 하라고 한다. 언제부턴가 가만히 앉아서 다른 사람이 하는 모습을 넋 놓고 바라보고 있었다. 그러기를 여러 날, 저 사람들은 예술을 하고 있는데 난 뭔가? 계속 눈요기만 할 수 없고 섣불리 흉내 내다가 다치면 큰일 나겠다 싶었다. 그만하자.

어릴 때 사극을 보면 가끔 몸종이 방에 들어와서 "마마, 만져드릴까요?" 마마가 기분이 좋을 때는 "오냐", 반대일 경우에는 "됐다"고 했다. 그럴 때마다 몸종의 반응이 재미있었다. 샐쭉거리기도 하고, 방긋 웃으며 정성스럽게 만지기도 했다.

마마는 참 좋겠구나. 부러움이 머릿속에 자리 잡혔는지 몸이 힘들 때면 그 모습이 아른거렸다. 피로를 풀고 혈액순환을 위해서 오랜 기간에 걸쳐 일주일에 한 번씩 등과 얼굴 마사지를 받았다. 받을수록 중독된 건지 일상에서 우선순위였다. 관리사가 정성스럽게 만져주면 고맙다는 말이 저절로 나왔다. 온전하게 남의 손에 맡기면서 몸을 호강시킨다며 뿌듯했다.

은퇴가 가까워지자 지인들이 입을 모아 앞으로 하고 싶은 것 마음껏 하며 지내라고 말했다. 무엇을 하고 지내야 할까, 혹시 하지 말아야 할 건 없을까? 예전보다 몸이 더 자유로워지고 수고도 덜 할 텐데 계속 마사지를 받는 게 맞는지? 누군가가 만져줘야만 호사를 누리는 건 아닐 테지? 그동안 잘한 건 맞다.

선배 언니가 "자기는 예뻐지려고 마사지 받느라 돈을 많이 쓰는 것 같아."했을 때 건강관리를 위해 투자한다고 했다. 당연시

했던 마사지는 은퇴 1년 전에 하지 말아야 할 일로 분류하며 그만뒀다. 이후 요가와 마사지의 기억을 되살리며 몸과 친하게 지낸다. 아침에 눈 뜨면 오늘 하루 잘 봐달라고. 취침 전에는 종일토록 애썼다며 몸 구석구석을 만지며 쓰다듬고, 누르고, 꼬집고, 비틀면서 편다. 손이 몸에 닿으면 여기저기에서 나도 만져달라고 하는 듯해 차례를 기다리라고 한다. 자기 차례가 오면 몰두해서 잘 관찰하라고 말하는 것 같다. 부위마다 살갗마다 다른 반응을 보인다. 어떤 때는 시원하다고 하고, 어떤 때는 아프다고 한다. 불편한 곳을 집중해서 만지고 쓰다듬으면 편해진다. 가장 재미있는 부분은 얼굴이다. 손으로 턱부터 이마까지 끌어올리고는 꼬집고 톡톡 치며 다독거리면 저절로 웃게 된다. 얼굴이 자기를 제일 이뻐해 줘서 고맙다고 말하는 듯하다. 하지만 어느 부분도 서운하지 않도록 손 닿은 곳까지 만진다. 매일 하다 보니 요령이 생겨서 이제는 책상, 의자, 침대 모서리를 이용해서도 자극을 준다. 60대의 몸이 기름칠한 듯 유연해지기는 어불성설, 현상 유지라도 한다면.

나이 먹으면 행복의 기준이 달라진다고 한다. 남의 손 빌리지 않고 건강하게 사는 어른들이 돋보인다. 혼자는 외출하기 힘들어 보고싶은 사람을 만나지 못해 살맛이 나지 않는다는 지인의 말, 새겨들을 일이다. 몸은 수호신처럼 나를 움직이게 하고 자칫 가둘 수도 있다.

팔을 뻗쳐서 발끝을 잡는다. 힘을 다해 다가갔으나 여전히 뻣뻣하다. 무릎에 닿을 수 없어서 애처로운 배. 어찌하랴! 아직도 남아있는 동작이 있다. 따뜻해질 때까지 손바닥을 비벼서 얼굴에 댄다. 짜릿하게 전해오는 팔딱거림.

내 혼에 불을 놓아

📖 1990년 가을, 서울 올림픽공원에서 '저자와의 대화' 시간이 있었다. 행사장을 향해 급히 가고 있는데 안내 방송이 나오고 있었다. "잠시 후 2시에는『민들레의 영토』,『내 혼에 불을 놓아』,『오늘은 내가 반달로 떠도』,『시간의 얼굴』의 저자 이해인 수녀님이 오십니다." 책 제목만 들어도 가슴이 뛰고 먹먹한데 가까이서 수녀님을 만나게 되다니!

이 무렵에 이해인 수녀님 시집을 끼고 지냈다. 길거리 신호등 앞에서, 차 안에서도 책을 펼쳤다. 수녀님의 맑은 영혼과 시어들이 스펀지처럼 흡수되었다. 수녀님은 그동안 인터뷰나 강연 요청을 꺼렸고, 이날 처음으로 대중 앞에 섰다고 하셨다.

첫 시집인『민들레의 영토』에 "태초부터 나의 영토는 좁은 길이었다 해도 고독의 진주를 캐며 내가 꽃으로 피어야 할 땅. 애처로이 쳐다보는 인정의 고움도 나는 싫어."라는 구절이 있다. 민들레를 통해서 어떻게 이런 표현이 가능할까? 애처로이 쳐다보는 인정의 고움도 싫다는 말에서 선택한 길을 꿋꿋이 걸어가야겠다는 강인한 의지가 느껴졌다. 살면서 무언가에 꽂힐 때가 있다. 그것이 좋은 동기부여가 될 수도 있고 그 반대일 수도 있다. 수녀님을 뵙고 나니 시 구절 하나하나가 더 와닿았다.

저자와의 대화 시간에 어느 대학생이 수녀님의 시를 과소평가 하는 듯한 어투로 질문했다. 그러자 "시를 문학적으로 평가받고 싶지 않아요. 삶을 노래하는 것뿐이지요."라며 얼굴빛도 바뀌지 않았다. 시에서도 느꼈듯이 말씀 속에 묻어나는 진솔함과 당당함이 멋졌다. 그 당시 즐겨 읽던 수녀님의 시집이 내 서재에 꽂혀있다. 어떤 책은 많이 펼쳐서 손때가 묻었고, 책장이 떨어진 것도 있다. 책에서 마음을 흔드는 몇 줄만 발견해도 읽은 보람이 있다. 『내 혼에 불을 놓아』에서 "당신 앞에 '네'라고 대답하는 나의 목소리는 언제나 떨리는 3월입니다."를 읽으며 나도 가슴이 떨렸다.

수녀님의 불씨는 뭘까? 어떤 땅을 디디며 사는지, 자연환경은 어떤지 궁금해서 부산 광안리에 있는 수녀원을 찾아간 적이 있다. 입구에 다다르자 솔향기가 코끝을 스쳤다. 산책로에서 만나는 솔방울과 숱한 생명체와 교감하며 행복하시겠지? 바람과 새도 만났으나 수녀님은 만나지 못했다. 그러나 충만하고 포근했다.

나는 어떤 일로 막막하거나 더 나아가기 힘들 때면 삶의 불씨가 꺼질까 싶어 정신을 차리게 된다. 지금 내 혼에 불을 놓아야 할 때? 에너지를 충전하는 것과는 조금 다르다. 가슴 깊숙이 자리한 작은 씨앗, 꺼지면 살아갈 힘을 잃는 그런 불씨를 보듬는 일이다. 가장 좋은 방법은 내면에서 기쁨이 솟아나고 입가에 웃음이 나오는 장면을 떠올리는 거다. 예금한 돈을 바로 찾아 쓸 수 있듯이 내면에 저장된 플러스 요인이 강한 기쁨들만 꺼내 본다. 나를 인정해 주고 살맛 나게 해 준 사람들, 해발 5천 미터가 넘는 페루의 비니쿤카(무지개산)에서 알파카를 만난 일 등….

불씨도 낡을 수 있을까? 가끔 집 안에서 촛불을 켜거나 향을 피우면 고요 속으로 들어간다. 눈을 감으면 황금빛 들판과 한들거리는 코스모스가 연상된다. 내 혼에 순한 불을 놓으며 사치를 부릴 때가 있다.

특별한 선물

📖 직장 근처에서 잠깐 자취생활을 할 때다. 하늘이 맑았던 주말 오후에 누가 방문을 두드렸다. 웅성거리는 소리를 들어보니 남자였다. 무슨 일이 일어났나 해서 문고리를 잡고 빼꼼히 열었다. 같이 근무하는 방위병 두 명이 서 있었다.

"집에 있었구나." 안도하는 듯하더니 허리 뒤에 뭔가 감추면서 쑥스러운 표정을 지었다. 사복을 입어서 낯설었고 금방 돌아갈 뜻이 없어 보였다. 선뜻 방으로 들어오라고 하기가 거북했는데 줄게 있다고 했다. 방에 앉자 상자를 내밀며 어서 뜯기를 기다리는 눈치다. 묵직했다. 뭘까?

포장지를 한 겹, 두 겹, 세 겹 단단히도 쌌다. '꼭꼭 숨어라, 머리카락 보일라?'

굳이 이렇게 싼 이유가 있는 걸까? 마지막 종이를 벗기니 생각지도 못한 게 들어있었다. 선물을 마련할 때 두 사람의 마음이 어떠했을까? 땅콩과 밤이 사이좋게 반씩 나뉘어 담겨있었다. 순수한 마음 자체였다. 이걸 주려고 멀리서 찾아왔구나. 내가 집에 없으면 주인 댁에 맡기려고 했단다. 놀람 반, 감동 반이었다.

어찌 선물할 생각을 했냐고 물으니 "이야기하고 싶고 뭔가 해주고 싶은데, 마땅한 게 없어서 직접 캐고 따서 삶았다"며 Y가 얼굴을 붉혔다.

"정성이 담긴 선물 감사합니다."

나보다 나이가 몇 살 더 먹은 사람들이 몸 둘 바를 몰라 하니 미안했다.

아무나 흉내 낼 수 없는 선물, 마음이 따스했다.

이들은 평소 서로를 위하며 사이가 좋아 보였다. 내가 여동생처럼 보였을까? 아니면?

처음으로 셋이 좁은 공간에서 마주하니 어색했다. 공통 화제를 찾으면 있겠지만 불편했다. 나는 그들을 반기지 않았고 인색하게 굴었다. 눈을 어디에 둘지 모르고 침묵하는 그들이 거북해질까 봐, 밖으로 나와서 음료수 마시고 헤어졌다. 큰맘 먹고 왔을 텐데 빨리 자리를 떠나도록 한 것 같아 미안하다. 그때는 뭘 몰랐다. 당황하기도 했으나 사람에 대한 예의라든가 마음을 내는 여유 등.

사람보다 일에 관심이 많았던 시간 속. Y가 내 주변을 맴도는 낌새가 느껴졌다. 어떤 일이든 나를 도와줄 준비가 되어있다고 할까?

그때 나는 회계 업무를 맡아서 사무실 살림하느라 일이 많았다. 직원들이 사무용품을 달라고 하면 그가 가겠다며 물품 창고에서 꺼내왔다. 나와 관련되는 일에 귀를 쫑긋 세우고 있는 듯했다. 어느 오후, 물품 창고를 열고 들어서는데 순식간에 문이 닫히더니 밖에서 찰깍 자물쇠를 잠그는 소리가 들렸다.

언제 따라 들어왔는지 Y가 옆에 있었다. "어쩌지요?"

아무것도 부탁한 게 없는데 왜 따라 들어왔는지 짜증이 났다. 밖에서 웃는 소리가 들렸다. 짓궂기로 소문난 K직원 음성이다. 졸지에 둘이 어두운 곳에 갇혔다.

열어달라고 쾅쾅 두드려도 조용했다. 계속 두드리면 장난치려고 할까 싶어서 가만히 있었다. 굴보다 캄캄한 곳에서, 둘 다 입을 꼭 다물고 서 있었다. 기가 막힐 일이다. Y의 기분은 어땠을까? 내가 그를 투명인간으로 취급했으니 창피했을 것이다.

기다림은 길지 않았다. 문이 열렸고 K가 서 있었다. 무엇을 상상하고 기대했는지 무표정한 내 얼굴을 보자 오히려 얼굴을 붉혔다. Y는 괜히 들어와서 망신만 당했고 미안한지 종종걸음쳤다. 이래저래 화가 나서 아무 말도 하지 않고 사무실로 돌아왔다. K가 내 눈치를 보더니 잘못 짚었다고 느꼈는지 미안하다고 했다. 몇몇 직원들은 Y가 나에게 관심이 많은 걸 알고, K가 기회를 만들어주려고 그랬단다. 그럼 K가 Y에게 하려는 선물이 중매 알선?

업무와 관련된 일 외에 Y와 일대일로 대화를 나눈 적이 없다.

싫고 좋고가 아니라 궁금한 게 없고 관심이 없었다. 호감형은 아니었으나 가끔 여럿이 식사할 때 보면 심성이 좋아 보였다. 주변에서 그의 집안이 대단하다고 했다. 조건이 좋다고 해서 누구에게 다가갈 나이나 처지가 아니었다. 재미있게 일하며 집중하느라 딴 생각을 하지 않았다. 다행인지 아쉬움인지 모르나 몇몇 직원들이 말했다.

"황 양은 자기만족에 빠졌다."

"귀가 얇지 않아서 어떤 조언이나 권유도 필요하지 않고, 알아서 하는 사람"이라고.

Y는 병역의무를 마치고 제주도의 한 중학교에서 교편생활을 했다. 수개월 후에 장문의 편지를 보내왔다. "보고 싶은 사람, 생각나는 사람, 얘기하고 싶은 사람." 말을 붙여보지도 못했고 고백도 하지 못해 애를 태우며 쓴 글. 마음이 짠했다. 진솔하게 다가왔으나 내 마음에서 일어나는 물결만 인정하던 때라 반응하지 않았다. 따뜻하게 거절하는 방법이 있었을 텐데 Y의 심정을 무시했으니 매정했다. 옳지 않은….

하지만 이들에게서 받은 선물은 감동에 이자가 붙어서 시간이 갈수록 소중하게 생각된다. 나에게 지금까지 받은 선물 중에서 특별히 기억하는 게 있느냐고 묻는다면 따뜻한 마음을 넣어 겹겹이 포장해서 마련한 방위병들의 선물이라고 말하리.

손편지

📖 편지 쓰기를 좋아했던 중학생 때, 문방구에 가면 편지지가 가장 먼저 눈에 들어왔다. 빈 종이에 무엇을 쓸까 설레었다. 누군가의 손에 들어가면 행복해 할 편지, 우체통에 넣을 때의 기분은 물론 뜯는 모습까지 연상되었다. 받을 사람을 정해놓지 않아도 마음 전할 가족이나 친구들이 있어서 우체통과 자주 만났다. 날씨가 좋거나 비가 오는 날 편지가 잘 쓰였다. 추신에 좋은 글귀를 적어서 보냈다. 노트에서 베껴놓은 글귀가 있어서 적당한 걸 골라서 보내는 건 쉬웠다. 복사기가 나오기 전에는 먹지를 대고 썼다. 대부분 같은 사람과 편지를 주고받기에 똑같은 글귀를 다시 보낼까 봐 그랬다. 색인목록을 만들어서 어떤 명언을 보냈는지 적어놓고 파일에 넣어두었다.

e메일이 일반화되고도 썼으나 자필로 답장을 받는 일은 드물었다. 바로바로 마음을 주고받는 게 더 편리하니 어쩔 수 없는 현실이었다. 가슴 한구석에 아쉬움이 쌓였다.

2005년 가을, 평소 호감이 가는 사람 20여 명에게 편지를 보냈다. 하고 싶은 말이나 좋은 글귀를 선물해달라고. 마땅한 말이 없으면 부담스러울까 베껴놓은 글귀 몇 개를 넣어서 마음에 드는 문장을 옮겨달라면서 발신용 편지지와 우표를 동봉해서 보냈다. 공들여 쓴 글씨를 간직하고 싶고 그들의 에너지가 내게 전해질 거라 믿었다. 반응이 각양각색이었다. 예상외로 감동을 준 글, 내가 보낸 글귀를 그대로 옮긴 사람, 숙제가 어렵다며 전화만 한 사람도 있었다. 낯설고 특별한 경험이었다. 그중 마음을 움직인 글귀가 있었다.

　초발심시변정각(初發心時便正覺). 깨달음의 마음을 내는 순간 이미 깨달음이 성취되어있다. 학문적으로 존경하는 분이 보내준 거라 더 고맙고 원했던 답처럼 만족스러웠다

　그 무렵 남동생이 건축업 관련 사무실을 개업했다. 동생은 "누나가 자필로 쓴 글귀로 만든 액자를 선물받고 싶다"고. 아뿔싸! 편지라면 몰라도 오래도록 벽에 걸어둘 글귀라니! 써 본 적이 없고 쓸 재간도 없었다. 능력이 미치지 못해 미안하고 거절하면 실망할 것 같았다. 동생한테 양해를 구하고 인품이 느껴지는 직장 상사분께 부탁했다. 선물받은 글귀, 초발심시변정각을 본 동생은 깊은 뜻이 담긴 글씨가 마음에 든다며 고마워했다. 우리의 끈을 탄탄하게 해준 선물. 내 힘 조금 들이고 성과는 컸다. 마음에 드는 글귀를 만나면 왜 푹 빠질까?

어느 날, 먼 곳으로 이사 간 후 연락이 끊겼던 그녀가 사무실로 찾아왔다. 돈독한 정을 나눈 기억이 없는데 뜻밖이었다. 벼르다가 큰마음 먹고 왔다고 했다. 핸드폰을 만지작거리더니 20년 전에 내게서 받은 엽서를 찍어왔다며 전송해 주었다. 일용직인데 정규직원처럼 열심히 일했던 그녀. 늘 수수한 옷차림으로 집중하며 일하는 모습이 좋아 엽서를 써 준 게 생각났다. 내게 선물받은 책과 칭찬의 글을 가보로 여기며 보관하고 있다니 감동이었다. 한때 나의 여동생도 그랬다. 내가 보낸 편지를 벽에 도배하듯이 붙여놓고 지냈다. 한 친구는 내가 편지에 애착이 있는 걸 알고 예전에 자기한테서 받은 편지를 보관하고 있느냐고 물어왔다.

그녀가 자기 편지를 보려고 부산에서 왔다. 우리는 서로가 주고받은 편지를 읽으며 킥킥거리기도 하고 울기도 했다. 그 속에 흘러간 삶이 고스란히 담겨있는 건 아니지만, 어느 정도 그 당시 마음 상태를 알 수 있었다. 최근에 친구어머니도 내 자필편지를 읽고 코팅해서 집에 붙여놓겠다고 하셨단다.

존 멕스웰은 『영향력』에서 "최고의 업적은 세상에 유익을 끼치는 일"이라고 했다. 내 편지를 받은 사람 중 단 한 사람이라도 의미와 기쁨을 느낀다면 뿌듯하다. 편지를 쓰고나면 자존감이 높아지니, 어쩌면 자신을 다듬고 지키기 위해서가 아닐까 싶다. 지금까지 간직하고 있는 편지들이 내 손길을 기다리고 있을 테다. 편지를 만지며 온기를 느꼈지만, 퇴색되지 않은 뭔가가 더 있겠지?

숫자 4

📖 아라비아 숫자 10개 중 '4'를 꺼리는 경우가 많다. 간혹 병원이나 빌딩에 4층을 'F'로 표기하거나 아예 건너뛰고 5층으로 넘어가기도 한다. 대단지 아파트에도 4가 들어가는 동이 없는 곳이 있다. 죽을 사(死)자와 소리가 같다고 나쁜 의미를 부여하는 사람이 있어 푸대접을 받는 숫자다.

고대 그리스의 피타고라스학파는 처음 4개의 숫자 1, 2, 3, 4를 더하면 완전한 수인 10이 되어 4를 신의 계시로 보아 신성한 수로 생각했다고 한다. 자세히 살펴보면 이 숫자가 좋은 의미로 쓰인 게 많다. 세상은 점, 선, 면, 입체의 4가지로 구성되어 있다. 물, 불, 흙, 공기를 만물의 근원으로 생각했다. 가장 높은 경지에 오른 사람을 4대 성인이라고 하고 생로병사는 사고(四苦)로 표현되며, 건강의 원리를 사상의학에서 찾기도 했다. 동서남북, 사계절 등 수없이 많다. 그러므로 4는 사물의 근본이나 중심이 되어 균형을 이루는 숫자다.

나도 한때 이 숫자가 못마땅했는데 하필 취업시험 수험번호가 4번이었다. 합격을 목표로 돈 모아서 처음으로 학원까지 다녔으니 절박한 심정이었다. 시험에 떨어지면 죽어야겠다고 생각한 터라 불길한 예감이 들었다. 그런데 합격 소식을 듣고 나서부터 이 숫자는 내게 살 4자가 되었고 행운의 숫자로 여기고 있다.

어떤 숫자를 선택해야 할 때는 꼭 4가 들어가게 한다. 직장에서 이메일 주소를 만들 때 망설이지 않고 이름 약자와 숫자를 조합했다. 2와 2를 더하거나 곱해도 4가 되므로 쉽고 완벽해 보여서 'hyh2244'로 만들었다. 핸드폰 네 자리 번호 중 시작을 4로 했고 열차나 버스 승차 좌석번호도 4자가 들어있으면 선택한다. 어떤 내기나 제비뽑기에 4를 골라서 낭패 보면 불길한 번호를 골라서 그렇다며 핀잔 주는 사람이 있다. 속마음을 모르기에 웃어 넘긴다.

어찌 보면 잠재의식 깊숙이 이 숫자가 자리 잡고 있었던 것 같다. 중학생 때 서무실 책꽂이에서 사자성어(四字成語) 책을 발견했을 때 얼마나 놀랐던가!

지금은 어려운 낱말이나 세 글자가 넘는 영어 발음도 돌아서면 잊어버리는데 그때는 네 글자가 리듬이 있어서 좋았다. 한자를 모르고 뜻만 알아도 유식해진 듯 만족스러웠다. 고진감래, 흥진비래, 감탄고토, 지성감천, 명약관화…. 하굣길이면 노래 부르듯이 외웠다. 가장 와닿았던 사자성어는 머리와 꼬리를 잘라버리고 요점만 말하는 거두절미(去頭截尾)였다. 어릴 때 꽂힌 말이라 오래도 간다.

대화할 때 말을 끊지 않고 길게 이어지면 지루하다. 생각이 단순하며 인정이 없고, 딱딱해 보일 수 있을 줄 알면서도 잘 고쳐지지 않는다. 가족들은 내가 각종 인터넷 사이트에 아이디나 비밀번호를 생성할 때 이 숫자를 너무 많이 사용하는 게 아니냐고 한다. 4를 빼고 다른 숫자로 넣어야 할 특별한 이유가 없는 한 쓰고 있다. 위험할 수 있어도 눈에 들어오고 이미 친하니까.

전염된 건지 언제부턴가 가족들도 비밀번호를 만들어야 할 때면 1개라도 4자를 넣는다. 사물의 근본이나 중심이 되어 균형을 이루고 있는 숫자 4는 소우주 같은 가정에서도 안정감을 안겨준다. 집안의 집기나 가구들 대부분은 사각형으로 되어있다. 책상, 발이 네 개 달린 의자, 컴퓨터 자판기…. 이들 앞에 앉아있는 시간이 좋다. 특히 직사각형의 식탁에서 밥을 먹고 차를 마시는 시간. 하루를 보내고 침대에 몸을 눕히면 평온해진다. 일상 곳곳에서 마주치는 4각 물건들이 익숙하다.

산책 중에 핸드폰을 보았다. 신기한 일이 일어났다. 시간은 2:22. 4,444걸음.

질긴 인연으로 이어질 4라는 숫자.

시간을 지배하다니

📖 "너는 다른 건 시원시원한데 시간에는 너무 인색해!" 가끔 듣는 소리다. 오랜 직장생활로 여유없는 생활이 굳어져서 그런가, 가족들 때문일까? 후배는 둘 다 아니란다.

"언니는 자기만의 규칙을 정해놓고 살아서 혼자 살게 되어도 시간을 아끼며 살 거라고" 했다. 나도 잘 모르는 마음을 그녀가 어떻게? 시간을 아껴서 무슨 특별한 걸 했거나 그렇게 할 게 많은가? 지난날을 거슬러 가 보았다.

밤에 동네 친구들과 모이면 시간 가는 줄 모르고 재미있게 놀았다. 엄마한테 왜 늦게 오느냐고 지적받았을 때까지. 남들 노는데 먼저 집으로 간다고 말하기가 그래서 엄마한테 부탁했다. 몇 시경에 누구네 집으로 와서 불러내라고 했다. 예나 지금이나 노는 걸 좋아하지만 많고 많은 일 중에 재미있다고 오래도록 몰두하는 건 좀?

"시간은 금이다. 일촌광음불가경(一寸光陰不可輕)." 뇌가 지시하면 따르려고 한다.

  1996년도에 다니일 알렉산드로비치 그라닌의 『시간을 지배한 사나이』를 읽고, 시간관념에 대해 더 깊이 생각했다. 지금까지 읽은 책 중에서 가장 밑줄을 많이 친 책이다. 주인공 류비세프는 26세 때부터 시작해서 죽을 때까지 하루도 빠짐없이 56년간 일기를 썼다. 누구의 것이든 한해 한해 정성 들여 쓴 일기라면 그것은 문학의 진귀한 소재가 된다고 했다. 그는 늘 쓰고 베끼는 일에서 즐거움을 찾았으며 자투리 시간을 잘 쓰기 위해 빈틈없이 머리를 썼다. 곤충분류학자여서일까? 일기를 쓴 시점부터 '시간 통계' 노트를 만들고 분석했다. '시간 이용 과목'을 만들어야 한다고도 했다. 긴급한 제안은 거절하고, 피곤하면 즉시 일을 멈췄다. 열 시간가량 푹 잤으나 누구보다도 일을 많이 했다. 얼핏 생각하면 삶이 빡빡해 보이지만 그렇게 함으로써 쫓기지 않고 알차게 연구해서 많은 업적을 남겼다. 치밀해서 도저히 흉내 낼 수 없는 분이라 숭배할 따름이다.

  이 책을 읽기 전부터 나도 20년 넘게 일기를 써왔고 독서 후 좋은 구절을 베끼고 있었던 터라 반가움에 무릎을 쳤다. 나의 경우 학문을 연구하는 사람처럼 번쩍 떠오르는 깨달음을 빠르게 메모하거나 의심가는 부분을 적어놓는 게 아니다. 읽은 내용을 금방 잊어버려서 한 번이라도 더 보려고 베껴놓는다. 시간을 소중히 여기지만 목표달성을 위해 시간통계를 내지는 않는다. 다만, 은퇴 1년 전에 뜻을 가지고 자기경영관리사 교육을 받았다. 그때 과제로 두어 달 매일 시간관리노트를 작성했다. 필요성은 느꼈으나 일상을 분류해서 작성하느라 시간이 많이 소요되어 이후에는 하기를 멈추었다. 쉽게 살고 싶어서인지 무엇을 해도 깊이 빠지지 못한다. 몸과 마음이 녹초가 되지 않을 정도로 하고, 목표달성이나 수직적 성취보다 과정을 중시하며 소소한 기쁨을 누리고 싶다. 내 앞에 주어진 시간에 특별한 의미를 만들지 않아도 손발을 움직이는 것만으로도 평온하다.

베르나르 베르베르는 『상대적이며 절대적인 지식의 백과사전』에서 "어떤 책도 현재의 행위에 대해 사고하는 순간을 따라잡을 수 없다"고 했다. IMF 때 직장 구조조정으로 인해 한동안 어수선한 분위기였다. 아이가 보고싶어서 일찍 집에 오면 시어머니께서 "잘리면 어쩌려고?" 걱정하셨다. 늦게 퇴근하는 것을 기준으로 사람의 능력이나 성실성을 판단하는 게 잘못이라고 생각했다. 법적으로 꼭 정해진 시간에서 움직여야 할 때를 제외하고 중요하게 여기는 일에 가치를 두는 게 자기 관리라고.

요즈음은 서너 명이 약속날짜를 잡으려면 맞추기 어려워서 카카오톡 투표로 정할 때가 있다. 남는 게 시간이라면서 언제든지 만나도 좋다는 사람이 있고, 시간을 어디에 써야 하는지 모른다고 하는 사람이 있는가 하면 꼭 정해진 날짜가 아니면 힘든 사람도 있다. 감당하지 못할 시간이 있는 사람은 드물 테다.

류비세프를 지배했던 의식이나 시간관념 대부분은 생명에 대한 인식이지, 자신의 가능성과 한계를 깨려는 것이 아니었다. 다른 사람을 앞질러 최고가 되려거나 허영심을 만족시키는 데 쓰지 않았다. 시간은 소중하므로 아무렇게나 쓰면 안된다고 생각한 것 같다. 바쁜 사람도 자투리 시간은 있기 마련이다. 옷가게를 지나가다 보면 손님이 뜸한 틈을 이용해서 뜨개질이나 책을 읽는 분이 있다. 그들이 행복해 보이는 건 처한 환경에서 즐기기 때문이다.

시간이라는 키워드를 생각하면서 책꽂이에서 오래된 노트를 꺼낸다. 이토 마코트는 『이기적인 시간술』에서 "시간 관리 절대 하지말아라. 착한 사람 콤플렉스에서 벗어나 이기적인 사람이 되라"고 한다. 고정시간과 자유시간을 구분해서 잘 활용하라는 말일 것이다. 류비세프는 시간을 철저하게 관리했으므로 지배라는 단어가 부수적으로 붙었을 것이다. 하루 24시간은 변함없다. 이 시간이 짧게 느껴질 때도 있고 다음 날 소풍이나 좋은 일이 기다리고 있으면 하루가 길게 느껴질 때도 있다.

시간관리! 거창하게 생각하지 않으련다. 에너지를 안배하며 좋아하거나 하고싶은 것 하면서 삶에 큰 불만없이 산다면 시간을 지배하려거나 지배당하지 않고도 사용법을 터득해 나갈 수 있지 않을까?

신사답게

 시종고모님은 몇 년 전, 큰수술을 받고 우울한 생활을 보내고 있었다. 노래를 좋아해서 TV에서 하는 '미스터 트롯' 경연을 보다가 에너지가 있는 가수 영탁을 발견하고 날마다 그의 노래를 들으며 힘을 얻었고 팬카페에도 가입했다. 공연장에 가서 그를 응원하며 즐겁게 지내다 보니, 건강이 회복되었단다. 방 한 칸에 그 가수 사진이 가득 붙어있고 얼굴이 그려진 이불, 베개도 있었다. 자녀들과 동료 팬들이 선물했다며 갖가지 가수와 관련된 물건들이 많았다. 가수 한 명이 의사보다 낫다고 하니 팬이 되는 게 이리 좋은 줄 몰랐다고 한다. 고모님의 용기에 박수를 보낸다.

심성 좋은 고모님 댁에서 1박 2일 모임이 있었다. 2007년 2월, 시어머니 돌아가시고 장례식장에서 만든 모임, 1년에 한 번 만나는 '우애회'다. 덜 더울 때 모이자며 잡은 날짜였는데 이틀동안 계속 많은 비가 온다는 일기예보에 마음이 어수선했다. 그나마 집에서 만나기에 다행이라며 출발했다. 도착하니 마당에 여러 명이

앉을 수 있는 자리가 마련되어 있었다. 점심 때가 되자 비가 많이 쏟아졌다. 판넬 지붕에 떨어지는 빗소리로 귀가 멍한데 가수 영탁의 노래가 흘러나왔다. "남녀노소 모두에게 매너있게~신사답게…." 아무도 시끄럽다고 하거나 음악을 끄라고 말하지 않았다.

　야속하게도 비가 더 세차게 왔다. 어디로 갈 엄두가 나지 않아 윷놀이하자고 의견이 모아졌다.

　남편 성인 조씨 집안 사람과 아닌 사람들이 한편이 되어 14명 모두가 한 판씩 돌아가면서 윷가락을 던졌다. 놀이 때 승부욕이 강한 사람이 있기 마련이다. 원하는 패가 나오지 않으면 윷가락이 덜 뒤집혔네. 떼를 쓰고 음성을 높인다. 판마다 소리를 지르며 웃느라 혼이 빠져 본인 순서를 놓치고 건너뛰면 난리가 나고 판을 엎는다고 까지 했다. 재미있어서 웃는 것은 유머강사가 억지로 웃으라고 할 때 웃는 것과 다르다. 뱃속 깊은 곳에서 터져 나오는 유쾌한 울림 그 자체다. 아카시아 나무로 만든 두 종류의 윷가락을 오래 던지니 면이 벗겨졌다. '도인지 개'인지 식별하기 어려워 떼 쓸 일이 더 많아져서 심판이 애를 먹었다. 도구를 핑계대며 우기는 모습이 재미있었다. 그칠 줄 모르는 비 때문에 윷놀이만 했다. 다시 성별로, 성씨별로 편을 짜니 지루하지 않았다. 나이 고하를 잊고 춤 춰도 흠이 되지 않고 흥이 났다. 모두 신나는 모습. 조리있는 말보다 몸짓이나 목소리로 자기편을 응원하고 막간에는 늘 영탁의 노래가 들렸다.

계속된 놀이로 윷가락을 주우려고 앉았다 섰다를 거듭하니 1만 보 걷는 것만큼 운동효과가 있겠지, 이기고 지고를 반복하니 내기로 건 금액이 공평하게도 한 명당 만 원씩만 부담했다. 거둔 돈을 회비로 쓰자고들 하는데 귀에 닳도록 들었던 노래가 생각났다. 명분이 생겼다. 오늘 가장 신사답고 매너있게 노신 분께 상금을 드리자고 제안했다. 이유가 뭐냐? 윷놀이하면서 들은 노래 중에 가장 인상 깊었던 게 「신사답게」라니 수긍하셨다.

추천받은 분은 3명이었다. 공평하고 깔끔하게 각자 윷가락을 한 번 던져서 좋은 성적이 나오는 분께 드렸다. 다행히 79세이신 아주버님이 선정되셨다. "껄렁껄렁 대지 말고 젠틀하게, 입가엔 언제나 점잖은 미소…." 노래 가사처럼 윷가락을 들고 서있는 아주버님의 표정은 진지했다. 던지는 모습 또한 멋져서 제대로 선정되신 게다. 모두 재미있다며 내년에는 무엇을 할지 미리 준비하겠다고. 의미를 부여하며 사는 것도 중요하지만 그렇게 하지 않아도 의미가 부여될 때가 있다. 고모님은 다시 한번 「신사답게」를 들어보자고. 이 가수 음반이 필요하면 나눠주겠다고 하신다.

아버지가 계실

 아버지는 건강하셨다. 며칠간 입맛이 없다며 삶은 닭고기만 드시다가 입원하셨다. 입원한 지 3일째 되는 날 새벽, 언니와 막내 작은아버지가 병실에 있었다. 아버지는 새벽 1시가 넘은 시각에 "지금 몇 시냐, 도산서원에 가야하는데." 하셨단다. 기력은 없었으나 정신은 있었는지라 언니는 기분이 이상해서 다른 할 이야기는 없느냐고 물었단다.

아버지는 보고싶은 사람도 없고 할 말도 없다면서 "도산서원에 가야 하는데…"만 반복하셨단다. 78세였던 아버지는 2001년 10월, 막내 작은아버지한테 27만 원이 든 지갑을 주고 물 한 잔 달라고 해서 마시고는 눈을 감으셨다.

왜 하필 도산서원에 가려고 하셨을까?
무슨 계시였는지 내가 도산서원에 처음 간 날은 아버지가 돌아가시기 10개월 전이었다. 안동 친구와 그곳에 갔는데 매화나무가 눈에 들어왔다. 꽃말은 '고결.' 꽃이 피면 향기를 맡고 싶었다. 이후 네 차례 더 다녀왔다. 이번에는 출발할 때부터 기분이 다르다. 서원 진입로에 들어서며 "아버지, 저 지금 도산서원으로 가고 있습니다."말이 새어 나온다. 곱게 물든 단풍이 알았다는 듯이 반겨준다.

도산서원은 퇴계 선생과 인연이 깊은 곳이다. 1561년(명종 16년)에 먼저 도산서당과 농운정사(隴雲精舍)를 건립하였다. 서당 위쪽에 있는 도산서원은 퇴계 선생이 돌아가시고 그의 학덕을 추모하는 문인과 유생들이 결의하여 1575년에 완공했다. 흙으로 된 마당은 깨끗하고 빗자루로 쓴 흔적이 보인다. 앞마당에서 멀리 보이는 시사단은 과거시험을 보았던 곳이라 의미를 되새기는데 아버지가 지켜보는 듯해 흠칫한다.

오래전, 우리집 뒤에 아버지가 빗자루를 가지런히 묶어서 세워놓았고 마당을 쓸던 모습이 떠오른다. 가장 눈에 띄는 곳은 '농운정사'다. 이곳은 퇴계의 제자들이 머물면서 공부하던 기숙사다. 동쪽 마루는 유생들이 공부하던 '시습재'고, 서쪽 마루는 '관란헌.' 휴식했던 곳이다. 전망이 아름답고 평안한 곳에서 세상 근심 잊고 오로지 학문에 열중했던 분들은 공부가 좋아서 머물렀겠지? 서원 쪽으로 가자 나이 드신 남자 어르신 30여 분이 설명을 들으며 질문을 하고 있었다.

아버지가 생전에 저런 삶을 누렸으면 얼마나 좋았을까? 옛 선비들은 기본적으로 책의 원문을 외우며 공부했다는데 서원에 오신 어르신들은 얼마나 긴 시간 학문을 익혔을까? 저승에서도 배움의 기회가 있다면 아버지는 어떤 모습으로 공부하고 계실까? 마음이 시공을 넘나든다.

아버지가 돌아가시고 집안을 정리하다가 두꺼운 『가정의례준칙』과 책력을 보았다. 책력은 많이 봐 왔지만 『가정의례준칙』 책은 뜻밖이었다. 소중해서 보관하셨을 테다. 아버지는 이웃집에 경조사가 있으면 단자와 지방을 써주셨다. 지방을 써준 집에서는 늦은 시간에 제삿밥을 가지고 오셨다. 다른 가족들은 관심이 없었다. 아버지는 내게 같이 제삿밥 먹자고 하셨다. 그래서인지 나는 지금도 제삿밥을 좋아한다. 정월 초가 되면 우리 집으로 토정비결을 보러 오는 분들이 많았다. 나는 아버지가 일러준 해당 번호를 펼쳐서 큰소리로 읽었다.

엄마 말에 따르면 아버지는 동네 서당 다닐 때 늘 1등을 했단다. 그러니 공부에 대한 한과 미련이 많았는지 모른다. 그렇지 않다면 왜 떠나기 직전에 도산서원에 가야 한다고 하셨겠는가? 사후세계가 있어서 아버지의 소망이 이루어진다면 이보다 더 좋은 일은 없으리라. 시습재에서 공부하며 서원 구석구석을 관리하는 역할을 하신다면 적성에 맞을 것 같다. 아버지가 돌아가신 해가 퇴계 선생 탄생 500주년이었다. 그 기운이 아버지한테까지 온 모양이다. 사람 됨의 옳고 바름을 먼저 추구했던 선비들의 혼이 가득한 곳에 아버지가 계신다고 생각하련다. 엄숙한 마음이었던 귀한 시간!

　돌아오는 길에는 서원으로 진입할 때 보다 더 빛나는 단풍잎과 눈을 맞춘다.

언니님

📖 "언니님, 잘 계시죠? 공원에 꽃무릇이 피고 있습니다." 만날 날짜 3개를 정해서 문자와 꽃 사진을 보내면 바로 답장이 온다. 언니님(희망한 호칭)과는 일 년에 두 번 만난다. 벚꽃이 피는 봄, 꽃무릇이 피는 가을. 어느덧 5년째다. 직장에서 동장으로 있을 때 동향을 파악하려고 마을을 돌다가 마당에 갖가지의 꽃이 피어있는 집을 보았다. 누가 이렇게 아름다운 꽃밭을 만들어 놓았을까? 가던 길을 멈추게 하는 곳, 꽃들이 웃고 있었다.

눈부시게 화사한 날 아침에 색동 머리띠를 두르고 꽃밭을 매는 여자분이 있었다. 꽃밭을 아름답게 꾸며 놓았다고 하자 환하게 웃으며 차 한잔하고 가라고 하셨다. 삼각형 모양의 이층집이 궁금했던 터였다. 혼자 사는 집은 아담하고 소박했다. 차를 준비하는 동안 방 안을 훑어보니 고상한 분위기였다. 멋진 분과 차를 마시다니 말을 붙이길 잘했다. 문득 에브러험 L 그루버의 〈옆집의 장미〉가 떠올랐다.

내 옆집 덩굴 위의 붉은 장미는

내 옆집 사람의 소유지만

또한 나의 것이기도 하다

(중략)

그래서 나는 부자다.

모든 이웃들의 눈을 즐겁게 해주는

장미 덩굴을 가꾼 착한 이웃 덕분에

시를 이야기하니 금방 친밀해졌다. 언니님은 예전에 교편생활을 했고 글을 많이 썼다고 했다. 지금은 기타연주법을 배우며 여행을 자주 한다고 하셨다. 혼자 보려고 꽃밭을 가꾼 게 아니구나! 그러다가 나는 1년간 일했던 근무지를 이동하게 되어 문자로만 인사를 드렸다. 서로 연락을 하지 않은지 1년 9개월이 되던 아침, 언니님이 전화하셨다. "저 중앙공원에 꽃무릇 보러왔어요. 같이 보고싶은데 시간 되는지요?" 어떻게 이곳까지 꽃구경을 오셨을까, 아니 꽃구경 데이트 신청! 언니님이 처음으로 만나자고 했기에 가족과 하기로 한 점심 약속을 미루고 나갔다. 조금 어색했으나 반갑게 맞이했다.

언니님은 그동안 몸이 아파서 수술 후 열여섯 번이나 항암치료를 받았고 지금은 서울 딸 집에서 사신단다. 병원 생활이 힘들고 희망이 없어서 누구도 만나고 싶지 않아서 몇 사람의 전화번호만 남기고 모두 지웠단다. 겪어보지 않아도 초라한 모습을 보여주기 싫어하는 심정을 이해했다. 내가 근무지를 떠나면서 보냈던 문자를 다시 읽으며 마음이 따뜻해졌단다. 만약 병이 낫는다면 연락하려고 전화번호를 그대로 두었단다. 만나자고 한 전날에 완치 진단을 받고 처음으로 집을 나서며 우리집 근처에 있는 꽃무릇을 함께 보고싶고, 밥을 사주고 싶었단다.

전율이 오며 눈물이 나왔다. 나도 모르게 손을 잡으며 안았다. 왜소한 몸에서 언니님의 꽃밭에서 났던 향기가 스쳤다. "젊은 시절 잘 보내고 나이 들어 병이 와서 그나마 다행"이라고 하신다. 긍정적인 사고가 습관화되어 잘 이겨내셨으리라. "죽은 목숨이었는데 덤으로 살고 있어서 남은 시간 감사하며 살겠다"고.

"나이는 숫자, 마음이 진짜"라는 노래 가사처럼 삶을 받아들이고 느끼시는 것 같다.

매일 밖에 나갈 수 있어서 좋고 햇살, 바람, 비, 노을 등 모두가 소중하다는 언니님!

마음이 맞지 않아도 함께 걷고 생각이 한가지라도 맞으면 친구가 될 수 있다니 삶의 지혜와 이치를 통달하신 듯하다. 혼자서 익숙한 곳이나 새로운 곳을 찾아다니지만 둘이면 더 좋다고….

오늘은 드라마 『굿 파트너』를 보라고 추천해 주신다. 이혼 관련 드라마인데 등장인물들처럼 불미스러운 일을 겪지 않고 결혼 생활을 한 게 고맙다고 하셨다. 언니님이 추천해 준 책, 드라마, 산책코스는 늘 솔깃하다.

얼마 전에 주의하지 않고 걷다가 넘어져서 오른쪽 팔을 다쳤다고 하셨다. 골절 치료 중인데 오신 게다. 세상은 넓고 갈 곳은 많은데 집에 있는 시간이 아까워서 산책하러 다닌단다. 친구가 다친 팔을 보고 걱정하길래 "내게 아직 왼팔이 있다"고 하니 못 말린다고 하셨단다. 참으로 유쾌, 명쾌한 분이다.

올해 85세이신 언니님과 오래도록 꽃 구경을 하고 싶다.

제3부

내가 스승이라고?

기회포착의 방

📖 흔히, 사는 동안 좋은 기회가 세 번 온다고들 말한다. 60세가 지나서 돌아보니 횟수는 의미가 없는 것 같다. 좋은 기회라고 받아들이는 가치관과 신념에 의해서 기준이 다를 수 있기 때문이다. 중3 여름, 셋째 작은아버지가 처음으로 용돈 하라고 100원을 주셨다. 모처럼 큰돈이 생겼다. 어디에 쓰면 좋을까? 도와줘야 할 사람이 없나? 고민하다가 소중한 날을 기록하고 싶어서 문방구로 향했다. 마침 마음에 드는 일기장이 있었다. 연두색 바탕인 겉표지 위에 검은 글씨로 '삶의 하루를', 노트 속 아래에는 '사람의 진정한 富는 세상에 대한 선행이다(마호메트)'가 적혀 있었다. 착한 일을 하면 부자가 된다? 용기가 났다. 부모님은 자식들이 공부하는 것보다 집안일이나 농사를 돕는 걸 더 좋아하셨다. 이 무렵, '孝는 百行의 근본이다'를 알았다. 자발적으로 일한 지 불과 몇 달밖에 되지 않았는데 빨래터에 갔다. 아주머니들은 어른들 틈에서 내가 빨래하는 모습을 보며 칭찬했다. '봉산댁'

은 참 좋겠다. 나도 저런 딸 하나 있으면 얼마나 좋을까! 엄마 택호를 말하며 높여주니 뿌듯했다.

선행은 고1 때, 절정에 달했다. 선생님들이 수업하러 교실로 들어오려면 복도를 따라 신발장을 지나야 한다. 몇 사람은 꼭 신발을 아무렇게나 넣어서 신발장이 어수선했다. 그걸 보고 있으면 기분이 나쁜데 선생님도 그렇겠지 싶어서 수업 시작 전에 가지런하게 정리했다. 할 일이 있을까 수시로 교실 안팎을 살폈다. 차츰 이런 일들이 자연스러웠다. 주전자 끈이 떨어져서 당황하는 주변을 보며 학교 소사 아저씨한테 가서 철사를 가져와 묶었다. 친구들이 물 마시다가 교실 바닥에 흘린 걸 닦고, 교정을 걷다가 큰 돌이 밟히면 주웠다. 체육 시간에 잠깐 쉴 때면 운동장 둘레에 나있는 풀을 뽑기도 했다. 친구가 "못 말려, 대단해" 하면 웃어넘겼다. 친구들이 '착희'라는 별명을 붙여주었다. 필요한 사람이 된다는 게 기뻤다. '필요한 사람이 되자'는 학교 교훈이다. 어느 날엔가, 길에서 휴지를 줍느라 지각할 뻔했다. 그때 깜짝 놀랐다. 무조건 착한 일을 하겠다고 좇다니! 자신이 답답하게 여겨졌고 융통성이 없는 사람이라는 걸 알았다. 이후 어떤 상황에 놓이면 중요한 게 무엇인지 우선순위를 정했다.

직장생활 후 더는 우리집이, 내가, 가난하다는 생각을 하지 않았다. 여전히 좋은 글을 보면 반가워서 메모하고 실천하려고 한다. 좋은 글귀를 기록하면서 하나둘 새겨진 것인지, 어느 순간 행동으로 나타난다.

　내게 좋은 기회란 좋은 사람, 멋진 풍경, 좋은 글귀를 만나는 일들이 상당한 부분을 차지한다. 이러다 보니 지금까지 좋은 기회를 만난 게 셀 수 없이 많다. 나를 발돋움하게 하거나 좋은 영향을 주는 사람을 만나면 포착하는 편이다. 어느새 가슴 한편에 '기회포착의 방'이 만들어진 것 같다. 이 방은 은은하게 꾸며져 있다. 하지만 번뜩이는 황홀함, 잠시 슬픔에 잠겼다가 승화된 영혼이 이슬처럼 영롱하다. 연분홍빛이 감돌며 해가 떠오르고 노을이 깔리기도 한다.

　보통 방문이 열리는 날은 상황이 좋지 않을 때다. 비상 양식을 꺼내는 것과는 다르다. 지혜롭게 대처해야 할 때 좋은 글귀들은 재빠르게 문을 열고 나온다. 풍경의 경우는 다르다. 미닫이문처럼 부드럽게 열린다. 단풍을 마음껏 보지 못해서 안타까울 때면 오래전, 설악산 백담사 근처에서 보았던 풍경을 꺼낸다. 그곳에 가지 않고도 고운 단풍이 옆에 있는 듯 느껴지니 기회포착의 방은 그 역할을 톡톡히 하고 있다.

　한때는 내 삶에 전성기가 오지 않았다는 생각을 한 적이 있었다. 인생에서 전성기나 절정이 무엇일까? 다양한 욕구를 채워가는 것일까? 하고 싶은 것은 많지만 그중에서 자신의 취향을 살려서 기쁨을 찾아가는 걸까?

　몇 년 전, 하버드 대학을 졸업하고 사십 대에 접어든 직장인

1,600여 명의 설문 조사 내용을 보았다. "대학시절 가장 도움이 된 수업은?, 현재 당신이 하는 일 중에서 가장 중요한 것은?" 90% 이상이 '글쓰기'였다고 한다.

나도 글 쓰는 시간이 좋다. 글을 통해서 삶의 일부를 세상 밖으로 내놓을 수 있어서 기쁘다. 다른 사람들이 읽고 공감하거나 조언해 주면 이 또한 좋은 기회다. 그래서 기회포착의 방이 조금씩 밝은 색채로 더해진다면 진정한 부자가 되는 걸까?

나는 학생이다

대학을 졸업한 지 1년이 지나자 마음이 공허했다. 이대로 살면 안 되겠구나 싶어서 서점으로 향했다. 획기적인 변화가 아니더라도 사고나 태도에 어떤 전환점을 찾으려는 마음이 강렬하게 일었다. 서가를 꼼꼼히 훑고 있는데 눈이 번쩍 뜨이는 책이 있었다. 왕멍의 『나는 학생이다』. 그래 바로 이거야.

저자 왕멍은 자핑와가의 소설 「나는 농민이다」를 읽고 줄곧 자신은 누구인가를 생각한 끝에 홀가분하게 '학생'이라고 결론을 내렸다고 한다. 왕멍은 학생은 신분만이 아닌 세계관이자 인생관이며 성격과 감정을 유기적으로 결합한 단어라고 했다. 나도 학생이라는 단어가 좋다. 처음으로 학생이라고 불렸던 아저씨가 있었다. "학생! 근처에 철물점이 어디 있는지 알아?" 부드러운 음성과 표정이었다. 평생 학생 신분으로 살고 싶어 하는 저자의 뜻이 나의 먼 기억을 호명한 게다. 그래 나도 평생 학생 신분으로 살아야지.

"세상 곳곳에 나의 교실이 있고 시시각각 수업이 진행된다고 생각하면 된다." 이 책을 만날 당시 직장 일이 빡빡했다. 새로운 지역으로 근무지를 옮긴 지 얼마 되지 않아서 파악할 일이 많고 낯설었다. 그래서 하나하나 배우는 학생으로 여기니 혼란스럽지 않았다. 출근해서 좋은 글을 한 줄이라도 읽고, 업무 시작을 한 게 시너지 효과를 냈다. 해야만 하는 일을 좋아하지 않으면 긴 인생, 진짜로 하고 싶은 것을 할 수 없으리. 적당히 긴장하면 정신건강에 좋고 김빠지는 생활이나 지루할 틈이 없다.

코로나 19로 위험이 도사리고 있을 때 모임을 제대로 하지 못한 게 아쉬워서 친구들과 하룻밤 잤다. 오랜만에 만나면 나눌 이야기가 끝이 없는 우리. 인생에서 맞닥뜨리는 질문 31가지를 답한 '김형석의 인생문답'을 토론하는 시간을 가졌다. 함께 6개월간 리더 교육을 받았던 친구들, 다들 기분이 고조되었다. "나답게 살려면 어떻게 해야 하나요? 인격의 핵심은 무엇인가요? 노년의 고독은 피할 수 없는 건가요?"

노년의 고독 이야기가 길어졌다. 죽을 때까지 옆에서 시중을 들어주거나 살뜰히 챙겨주는 사람이 없으면 외로움을 피하기 어렵다는 의견이다. 현실에 직면해 보지 않고는 명쾌한 답이라고 할 수 없고 짚어보기만 해서 쓸쓸했다. 정답이 있는 건 뭘까? 생뚱맞게 수학? 다음날, 가까이에 사는 친구한테 학생이 되는 기분으로 수학 문제를 풀어보자고 제안하자 재미있다면서 서점에 가자고 했다. 학교 다닐 때도 사보지 못한 문제집을 고르며 들떴다. 초등학생 걸 풀까, 중학생 문제집을 풀까, 같은 책으로 풀어야겠지? 한참을 찾아도 같은 책이 보이지 않았다. 학기 초가 아니라서 재고가 없단다. 난감해 있는데 "2권이 같은 책이 딱 하나 남아 있네요." 다행이었다.

'연산을 잡아야 수학이 쉬워진다' 『기적의 중학 연산』. 총 43단원이었다. 일단 풀어보자. 정답해설이 있으니 나중에는 방정식도 도전하고…. 매일 한 단원씩 풀고 '책거리'하기로 했다.

얼마 만에 풀어보는 수학 문제인가! 쉽게 답을 알 수 있는 문제가 있지만 방심해서 괄호 안에 더하기, 빼기를 순서대로 풀지 않으면 틀리기에 십상이다. 점수를 매겨보면 예측과 달리 오답이 많다. 해설을 봐도 갈수록 표시해 둔 문제가 늘어났다. 나이 들면 암기는 어려워도 이해가 빠르다는데 수학은 다르다. 한 문제 푸는 데 시간을 많이 끌면 약이 오르고 답답하다. 친구는 학창시절 공부를 잘했고 신중하게 풀어서인지 모르는 게 많다는 얘기를 하지 않는다. 섣부른 도전을 한 셈인데 집중력은 길러진 걸까?

드디어 책거리 날이다. 각자 푼 문제집을 펼쳤다. 친구는 정답이 많아서인지 지운 흔적이 별로 없고 책이 깨끗하다. 내 실력이 이렇다면서 틀린 부분을 보여주니 의외라는 표정을 지으며 귀엽다고 했다. 이 책보다 더 어려운 문제를 풀기는 무리라며 다른 분야로 같이 공부하면 어떠냐고 물었다. 딱 떨어지는 정답이 좋아서 풀어 본 수학이었는데….

친구는 재능도 있고 배우는 걸 좋아해서 20개도 넘는 자격증을 가지고 있다.

수분지족(守分知足) 하겠다며 각자 관심 분야에 에너지를 쓰자고 했다. 매사 배우려는 자세를 가지면 정답에 가까운 삶을 살지 않을까? 이제는 자유로운 학생 신분이므로.

내가 스승이라고?

📖 "우리 딸 공부 좀 가르쳐주면 안 될까?" 이웃에 사는 아주머니가 딸을 데리고 우리 집에 오셨다. 쑥스러워하는 모습에 어렵게 결정을 내렸다는 걸 알았다. 현주는 초등 5학년이고 나는 고1이었다. 사전 약속 없이 마지못해 어머니의 손에 이끌려서 온 듯한 모습이 역력했다. 배짱이 있었나? 아무런 준비도 없이 가르치겠다고 했다. 다음 날부터 공부를 시작했다. 그 애는 나보다 키가 크고 덩치도 컸으나 부끄러운지 얼굴을 들지 못하고 목소리도 작았다. 묻는 말에 겨우 대답했다. 공부하러 올 때 대문 앞에서 자기의 2년 후배인 내 여동생 이름을 불렀다. 반기면서도 '언니!'로 부르라고 말해주지 않고 어서 들어오라고만 했다.

처음에는 공부에 관심을 가지지 않아서 걱정했다. 어느 날부터 잘 따라왔다. 학습 분위기가 만들어지니 가르치는 게 좋았다. 내 공부는 뒷전이고 현주가 오기만을 기다렸다. 반짝이는 눈을 보면 희망이 보여 신이 났다. 학교 선생님들이 학생들 수업 태도가 좋으면 열강하시는 것과 비슷했다. 가르쳐 줄 기회가 생겼으니 철학적인 말이나 교훈이 되는 것들도 알려주고 싶었다. 어이없게도 나는 이미 올바른 사람이 된 듯 착각에 빠져 욕구를 전이시키려고 했다.

감동한 글귀를 베껴놓고 외운 게 밑천이었다. 교과서 수업이 끝나면 따로 마련한 노트에 그 글귀를 한가지씩 적어주었다.

"불가능이란 바보의 변명이다. 절망은 어리석은 자의 결론이다." 고생하고 나면 즐거움이 온다는 고진감래(苦盡甘來), 남이 모르는 사이에 덕을 쌓으면 후일에 보답을 받는다는 음덕양보(陰德陽報). 초등학생이 이런 말들을 얼마나 이해할까 생각하지 않았다. 내 기준으로 설명하고는 외워서 오라고 하니 난감한 표정을 지었다. 배운 적도 없는 한자와 명언, 사자성어(四字成語)까지! 그런데 다음 날 물어보면 정확히 알았다. 무조건 외웠거나 나처럼 맹목적이었나? 자기 어머니가 명언 노트를 보며 좋아하셨다는 말도 했다. 현주 어머니는 돈 이야기를 꺼내지 않았다. 나 역시 가르치는 게 좋았지 돈을 받는다고는 생각조차 하지 않았다.

한 달이 지나자 과외비라며 1,500원을 가지고 오셨다. 자녀가 많아서 형편이 어려운 걸 알기에 받지 않으려고 해도 막무가내였다. 3년 가까이 가르치다가 내가 다른 지역으로 직장을 옮겨가는 바람에 중단했다. 과외 덕분에 현주가 반에서 1, 2등을 했고 장학금을 받았다는 이야기를 들었다. 이후 간간이 들려오는 소식을 들었으나 연락하지 않고 지냈다. 한때 좋은 인연이었던 사람들이나 신세를 졌던 사람들의 안부를 다 묻고 살기는 어렵다. 문득문득 떠오르는 이가 있어도 기억에 한계가 있고, 시간이 지나면 다시 찾기란 쉬운 일이 아니다. 그런데 최근에 일기를 훑어보다가 마음을 흔드는 문장을 발견했다.

현주 어머니가 돈 2,000원을 주셨다. 맛있는 것 있으면 우리집에 가지고 오신다. 넉넉하지 않은 살림에 성의를 보이고 자식을 위해 안간힘을 쓰신다. 분명히 복 받으실 게다.
돈을 받는 게 옳은 일인지 모르겠다. 현주야 열심히 공부해라. 너의 엄마 정성이 말할 수 없다. "훌륭한 어머니는 100명의 스승보다 더 낫다."

기록해 놓은 걸 읽기만 하고, 묻어두거나 스칠 수 없는 게 있다. 드물게 뜻깊은 일인데 길 위를 지나가는 수레바퀴처럼 그냥 넘어간다면!

그녀를 찾는 것은 어렵지 않았다. 통화가 되자 서로가 흥분한 상태였으나 그녀 어머니 안부부터 물었다. 늦었지만 훌륭하고 고마운 분이라며 쇠고기라도 사서 찾아뵐 예정이라고 말했다. 순간 그녀의 목소리가 뚝 멈췄다. 잠시 후 울먹이면서 몇 개월 전에 돌아가셨단다. 79세였다며 안타까운 듯 감정을 누르고 있었다. 엄마라는 단어만 들어도 눈물이 나고 아직 마음을 추스르지도 못했는데 아픔을 보탠 게다. 맏딸이라 극진한 사랑을 받았기에 더 애틋했으리라. 며칠이 지나자 그녀가 전화를 걸어왔다. "남편이 스승님 잘 모시라고 했다"며 목소리 톤이 높았다. 스승님?

내가 스승이라고! 한때 교사가 되고 싶었기에 과분한 소릴 들으면서도 기분이 좋았다. 『맹자』에서 "사람의 병폐는 다른 사람의 스승이 되기를 좋아하는 데 있다"고 했다. 이걸 진작 알았다면 더 실속있는 학창 생활을 보냈을까?

그녀를 못 본 지 40년이 지났으나 사실 나이 차이가 많지 않아 어색하지 않고 재미있었다. 한자 공부가 어려웠는데 조금 일찍 깨친 덕에 중학교 다닐 때 잘했다고 했다. 지혜로운 어머니 덕에 은행에 다니면서 중학교 교사인 남편을 만났단다. 지금은 사회복지시설을 운영하며 만족스럽다고 한다. 우리의 이야기 주제는 인연과 공부였다. 과거를 떠올렸으나 교과목 속 내용은 기억나지 않았다. 노트에 써주었던 명언 이야기를 하다가 우리는 동시에 훌륭한 어머니는 100명의 스승보다 더 낫다라고 외치며 한참 동안 웃었다.

동무 생각

　　헤어질 때면 연인처럼 아쉬워했던 우리였다. 6년간 친하게 학창시절을 함께한 친구, 고3 때 수업이 끝나고 교실에 남아서 10년 후에 만날 날짜를 정했다. 그 후 서로 떨어져 살았으나 소식을 전하며 지냈다. 더러 만났으므로 약속한 날짜는 큰 의미가 없었다. 서로 직장을 잡은 지 얼마 되지 않았을 때 친구는 "네가 우리집 근처로 와서 사는 게 소원"이라고 했다. 무엇이 이토록!

　친구의 말이 아니었어도 나는 20대 초반부터 서울특별시민이 되어 넓은 곳에서 꿈을 펼치고 싶었다. 다행히 친구가 하늘나라로 가기 2년 전에 서울로 이사 왔다. 그녀는 교사 생활을 힘들어 했고 나 역시 직장을 옮겨서 여러가지 일로 안정적이지 못했다. 하지만 그리워할 틈도 없이 우정은 쌓여갔다. 친구는 가끔 내게 긍정 에너지를 유지할 수 있는 비결을 알려달라고 했다. 특별한 비결이 있나? 그저 스스로 선택한 삶을 소중히 여기며 자신을 사랑하며 응원하기. 조금 더한다면 가족과 가까이 있는 사람들과 잘 지내려는 것뿐인데….

 친구 옆에는 늘 살림 잘하는 친정엄마가 계셨다. 맏며느리도 아니고, 술, 담배 안 하고, 대기업에 다니는 남편 만났다고 좋아해서 부족한 게 없는 듯 보였다. 그러던 친구에게 무서운 백혈병이 찾아왔다. 처음에는 그 병을 인정하지 않더니 통증이 잦자 눈앞이 캄캄한 현실에서 치료에 매진했다. 몇 년간 골수이식 등 힘든 치료를 받으며 병마와 싸웠다. 병이 호전되지 않자 자기가 무엇을 잘못해서 이 지경이 되었냐고 할 때는 난감했다. 자책하는 일 만큼 비참한 것도 없다.
 건강할 때나 아플 때 집으로, 병원으로 오라고 연락하면 달려갔다. 내 손을 꼭 잡고 아이들 잘 부탁한다. 무서워서 혼자 못 가겠다. 너랑 함께 떠나고 싶다고도 했다. 죽음의 문턱에 와 있는 그 심정을 다 읽을 수 없어 안타까웠고 함께 떠나가자고 하니 오싹했다. 마음이 다급하고 통증이 심해서인지 어떤 말도 들으려 하지 않고 남편 흉만 봤다. 병원에서 남편 성격을 물으며 병의 원인이 스트레스일 수 있다는 얘길 듣고부터 미워졌단다. 소나무 같은 사람이고 한결같았지만 무덤덤해서 어떤 싸움이 되지 않아 답답한 적이 많았다고 했다. 어느 부부 사이든 속속들이 말하지 않으면 상대의 마음을 알 수 없다. 치료하면 나을 수 있는 병은 아픈 사람이 어리광을 부릴 수 있다. 장기간 치료를 받느라 친구는 쇠약해졌고, 병원비가 엄청났으니 약자였다. 그래서 더 외로웠을 수 있다.

돌이켜보니 친구는 가끔 자기 삶을 부정하며 좌절했을지도 모른다. 중, 고교 시절 늘 전교 1등을 해서 최고라는 의식이 자리 잡고 있었을 것이다. 대학 졸업 후 바로 교사가 되었고 재능(음악, 미술)을 살릴 틈 없이 직장생활, 아이 키우는 일만으로도 벅찼을 것이다.

고1 때부터 수업이 끝나면 우리는 종종 음악실에 갔다. 친구는 배운 적도 없는 피아노 건반을 두드리며 노래 불렀다. 꾀꼬리 같은 목소리는 황홀했다. 어떤 날은 학교 선배 부모님이 운영하는 어린이 시설에 가서 피아노를 쳤다. 친구는 어딜 가든지 나와 동행하길 원했다. 같이 다니면서 안목이 넓어진 점은 있으나 부담이 될 때도 있었다.

고3 여름이 되자 공부에 매진한다며 학교 앞에서 자취생활을 했다. 어느 날 우리 엄마한테 찾아와서 나와 같이 살고 싶다고 말해서 친구 집에서 며칠 함께 살았다. 같이 생활해 보니 마음만 조급했지 공부를 제대로 하지 않는 잠꾸러기였다. 노력보다 머리가 좋았다. 자기는 이해가 되지 않는 문제는 알 때까지 고민하며 푸는데 너는 모르면서 왜 태연하게 그냥 넘어가느냐고 물었다. 그것이 너와 나의 실력 차이라고 하자 인정하는 듯 손뼉을 쳤다. 우리는 가끔 철학과 문학에 관한 이야기를 나눴다. 친구는 '서머싯 몸과 앙드레 지드' 작품을, 나는 '소크라테스와 노자'를 좋아했다. 왜 노자를 좋아하느냐고 물어서 사람답게 살고 싶다고 하니 '정신적으로 성숙'한 내 모습이 좋다고 했다. 나와는 공부 경쟁 상대가 아니었기에 이런 이야기를 나누면 숨통이 트였을 것이다.

친구는 33세에 하늘나라로 갔다. 「돌아오라 소렌토」를 부르고 나서 나중에 함께 이탈리아 여행을 가자고 했는데. 몇 년간 꿈에 나타나서 깨고 나면 우울했다. 엄마는 정을 떼려고 그런다며, 친구한테 받은 선물이 있으면 보내주라고 했다. 분홍색 나이트가운! 아까웠지만 태웠다. 다음 날 친구가 있는 공원묘지에 가려고 나섰다. 오르막길로 들어서는데 섬뜩하더니 갑자기 휘발유 냄새가 풍겨왔다. 차에 기름이 새고 있었다. 가지 말라는 신호 같아서 그냥 돌아왔다. 신기하게도 이후 꿈에 나타나지 않는다. 한동안 잊고 지냈다가 대구 '청라언덕'에서 「동무 생각」 노래비를 보았다 백합같이 환한 얼굴로 이 노래를 자주 불렀던 친구, 그리움이 샘솟았다.

봄의 교향악이 울려 퍼지는 청라언덕 위에 백합 필 적에 나는 흰 나리꽃 향내 맡으며 너를 위해 노래 노래 부른다.

청라언덕과 같은 내 맘에 백합 같은 내 동무야….

우리가 만들었던 추억이 애절한 목소리로 다가온다. 보고 싶다. 친구야. 눈물이 볼을 타고 흐른다.

엄마, 그 피가 흐르고 있을

📖 버스 안에서 소매치기가 많았던 때, 엄마는 주머니에 돈이 좀 들어있는 날은 차에 오르면 끙끙거리며 아픈 척했단다. 누구든 아픈 사람 가까이 가는 건 꺼리기에 그게 돈을 잘 지키는 방법이라고 하셨다. 남을 경계하는 마음이 없으면 조금은 자유로워질 수 있다. 부모님은 농사를 지었으나 가진 토지가 적어서 얼마간 남의 땅을 빌려서 짓기도 했다. 엄마는 생활력이 강해서 늘 일거리를 찾았다. 농한기 때는 새끼를 꼬았고 내가 중학생 때 마지막으로 베 짜는 걸 보았다. 그날 우리집 마당에 구경 온 사람들이 많았다. 베틀에 앉아 '숭고한' 표정을 지으며 베를 짰던 기억만 난다. 사진이 없어서 애석하다.

예나 지금이나 엄마들의 대부분이 자식을 사랑하는 마음은 비슷하다. 엄마는 내게 자신의 역할에 대해 생각해 보라는 메시지를 주었다. 아침에 일어나면 부엌일을 돕든지 마당을 쓸든지 뭔가를 하고 밥을 먹어야 한다고 하셨다. 내가 아침형 인간이 된

이유가 그때였는지 지금도 이어져오고 있다. 고등학생일 때는 너도 우리집 형편을 알아야지, 빚이 얼마이며 무엇 때문에 생겼는지 자세히 가르쳐 주셨다. 보통의 경우, 자식이 알까 숨기고 싶었을 텐데…. 내가 미더웠던 모양이다.

그럼에도 "돈이 없으면 거짓말을 할 수 있다"며 학생인 자식들에게 용돈을 줬다. 집안의 현실을 아니까 생떼 쓸 일이 없고 일찍 철이 들었다. 고등학교 졸업하면 빚을 갚아드리겠다고 약속했다. 그 말에 엄마는 힘이 났단다. 취직해서 1년간 월 38,350원씩 적금을 부어 50만 원을 드렸더니 빚을 모두 갚으셨다. 욕망을 보류하고 절제할 수 있다는 게 기뻤고 보람도 있었다. 만약, 엄마가 자식 기죽을까 봐 우리 형편을 말하지 않았다면 내 가치관은 어떤 모습으로 형성되었을까 궁금할 때가 있다. 엄마가 사람들을 따뜻하게 대하며 늘 부지런히 일하는 모습을 보면 감동받았다.

우리 가족이 잠깐 동생들 학교 때문에 대구에 산 적이 있다. 당시 할머니는 가끔 "숙자 어미가 최고다"라고 하셨다. 엄마는 병원에서 청소일을 했다. 집이 좁았으나 맏며느리 책임을 다하기 위해 할머니를 모시고 가서 다섯 명이 함께 살았다. 할머니 즐겁게 해 드리려고 수시로 민요를 틀어드렸다. 어느 날엔가는 고구마를 삶아놓고 일하러 갔는데 집에 오니 그대로였단다. 할머니가 입맛이 없으신가 싶어서 구워서 드리니 맛있게 드셨단다. 통장이었던 집주인은 엄마 같은 사람 처음 보았다며 구청장이 수여하는 효

부상을 추천하고 싶어서 말을 꺼냈다가 거절당했단다.

"부모한테 당연히 해야 할 일인데 구청장이 나를 어떻게 안다고 그 이름으로 상을 주느냐고." 안주인은 더는 그 말을 꺼내지 못했단다. 엄마의 성품이 그랬다. 그럼, 엄마를 잘 아는 내가 상을 주면 받을 거냐고 하자 "딸이 주면 받아야지."하셨다. 1986년 엄마께 표창장을 드렸다. 흡족해하며 한동안 벽에 걸어두었다. 상을 주는 사람은 딸 이름이 아닌 '인간심리연구소장'(내가 만든 명칭) 도장까지 새겨서 상장에 찍었다. 걸어놓은 상장을 바라보고 있으면 민망할 때가 있었으나 그걸 소중히 여긴 엄마. 서로 마음을 터놓고 이야기할 수 있는 분위기라 좋았다. 내가 만든 작품, 시간이 지나고 보니 행동이 도를 넘은 것 같아서 떼라고 말씀드렸다. 엄마는 자식들이 공과금 내주고 용돈을 드리면 고마워하셨다. 돌아가시기 전까지 연말이 되면 남동생한테 전화해서 "물가가 올랐으니 내년부터 용돈을 올려달라"고 하셨다. 동생은 솔직하게 말하는 엄마가 좋고 멋지다며 자랑했다.

유언도 남달랐다. 내게는 당신한테 정기적으로 드렸던 용돈을 언니한테 주라고. 남동생한테는 집 팔면 여동생에게 얼마를 주라고 했다. 나와 남동생이 언니나 여동생보다 형편이 낫다고 여겨서인 것 같다. 언니는 우애있게 살라는 유언을 남긴 엄마 마음을 제대로 알고, 실천하는 동생들이 고맙다며 우리를 잘 챙긴다.

경제적으로 어려워도 마음이 넉넉했던 엄마. 무엇보다도 자식들에게 할 말 하며 산 편이어서 가슴 아픈 후회는 거의 없으나 71세 나이에 돌아가신 게 원통할 때가 있다. 엄마의 따뜻한 사랑 이면에 배려와 용기가 늘 자리 잡고 있었다. 우리 형제들에게도 그 피가 흐르고 있겠지?

외나무다리가 있었던 곳

　어디서든 징검다리를 보면 반갑다. 고향의 외나무다리가 생각나서 건너게 된다. 한발 한발 옮길 때마다 잠깐씩 멈춰서 물밑을 살피고 물살도 지켜본다. 쉬지 않고 흘러온 지난날처럼 물을 여러 각도로 바라보는 게 즐겁다. 예전에는 물소리를 들을 줄 몰랐고 물의 양만 보였다. 물소리가 크면 불끈 힘이 생기고 고요하면 차분해진다.

　어릴 때 있었던 그 외나무다리는 오래전에 없어졌다. 대신, 난간이 없는 좁은 콘크리트 다리를 놓았다가 지금은 차가 왕복으로 다닐 수 있는 튼튼한 다리로 바뀌었다. 환경이 변해도 가슴 한편에 자리한 쌓인 추억과 흔적들은 옅어지지 않는다.
　초등학생일 때 학교에 가려면 넓은 냇물 한가운데에 놓인 외나무다리를 건너야 했다. 냇가는 아이들의 놀이터였다. 여름에는 목욕하고 둔치에 있는 넓적한 돌에 옷을 말리며 풀 위를 뛰어다녔다. 물이 얕을 때는 다리에 걸터앉아서 발을 담갔다. 얼음이 얼면 냇물는 썰매장이 되어 신나게 미끄럼을 탔다. 얼음 위를 마구 뛰어다녀도 넘어지지 않았고 넘어지더라도 금방 일어났다. 지상에서 가장 넓은 광장인 듯 꿈을 펼치며 어깨동무를 했던 곳.

하굣길이면 노래를 불렀다. "돌아갑시다, 돌아갑시다. 재미있는 공부를 마치고 빨리빨리 돌아갑시다." 안타깝게도 비가 많이 오면 외나무다리에 물이 넘쳤다. 학교는 가야 하는데 다리 앞에 서면 어지럽고 무서웠다. 피할 곳이 없어서 곧장 앞만 보고 가야 한다. 그래야만 뒤에 오는 사람들과 간격이나 속도가 맞다. 다리가 떨리면 위험 신호다. 외나무다리 폭이 좁아서 나란히 손잡고 걸을 수도 없으므로 물에 빠지면 큰일이었다. 뒤에서 빨리 가라고 말하면 눈앞이 캄캄했다. 물에 빠지지 않으려고 잠시 멈춰서 먼 곳을 보거나 하늘을 올려다보며 조심스럽게 건넜다. 혼자는 물론 여러 명이 동시에 물에 빠져서 둥둥 떠내려간 적이 여러 번 있었다. 그 기억 때문에 지금도 돌다리를 건널 때면 조심하게 된다. 용감하게 건너는 애들이 부러웠다. 어떨 때는 제일 늦게 건넜다. 무사히 잘 건너가면 먼저 건넌 아이들이 손뼉 치고는 손을 잡아주었다.

외나무다리 추억을 더듬고 싶어서 경북 영주에 있는 무섬마을에 다녀왔다. 이곳은 냇물이 마을을 감싸듯 흐르며 직선과 곡선이 어우러진 아름다운 외나무다리다. 보기만 해도 즐거워지는 예술성을 가미한 다리라고 할까? 반대편에서 오는 사람을 만나면 비켜설 수 있는 공간이 있고 운치가 있다. 그러나 어릴 때 건넜던 외나무다리가 자리하고 있는 마음을 온전히 헤집고 들어오지는 못한다. 추억은 비교대상이 아니고 마음속에 자리한 자기만의 공간이고 기억이다. 고향의 외나무다리는 우정이 있었고 모험심과 협동심을 배웠다. 비틀거리며 걷지 말고 중심을 잡으라는 가르침이었다.

이제 튼튼한 다리 아래에 낭만적인 외나무다리 하나 놓았으면 좋겠다. 동심이 살아나고 뭔가 좋은 일들이 생길 것 같다. 외나무다리가 구심점이 되어 곳곳에 흩어져 사는 사람들이 고향으로 모일 수도 있다. 우리가 복원해야 할 대상은 돈이 많이 드는 건축물이나 쓰러져가는 집만이 아니다. 정겨운 풍경들을 끄집어내어 잘 다듬고 살린다면 삶이 풍성해지고 마음이 촉촉해지리라.

냇물 건너편에 몇 년 전, 기와로 새로 지은 군청이 보인다. 천변 옆에는 파크골프장도 생겼다. 잘하면 의미있는 연결고리를 찾을 수 있을 것 같다. 이곳에서 1년에 두 번 만남의 날을 정해놓고 모였으면 좋겠다. 옛 친구들과 얼굴이 가물가물한 고향 사람들을 만나고 싶다. 그때는 외나무다리를 먼저 건너가서 뒤에 오는 사람의 손을 잡아주겠다. 벚꽃이 피기 시작할 때, 나뭇잎이 물드는 가을이 좋겠지. 준비해 올 것은 환한 얼굴. 동요 몇 곡, 가슴이 따뜻해지는 시 한 편씩 나누면 더할 나위없이 좋으리. 그냥 외나무다리를 바라보기만 해도 얘깃거리가 쏟아져 나오겠지, 이런 생각을 하고 있으니 마음이 들뜬다. 차창을 열자 향긋한 바람과 맑은 공기가 들어온다. 세월의 때를 씻겨 주는 듯 기분이 상쾌하다. 냇물은 주름진 얼굴로 흐르고 있다. 참 좋다. 마음은 벌써 유유히 외나무다리를 걷고 있다.

우리는 여걸5

📖 늦은 밤, 우리는 '여걸5'로 이름으로 되돌려놓고 손뼉을 쳤다. 이렇게 좋은 이름을 왜 '5지'로 바꾸었지? 개명 이유는 '지' 앞에 다섯 개의 다양한 뜻을 붙이면 재미있어서 만들었다. 5지를 살리기 위해 만나자마자 멋지지, 우아하지, 참신하지, 깔끔하지 하면서 깔깔 웃었다. 친구 두 명이 무슨 소리냐며 모임 이름 바꾼 걸 잊고 있었다. 여걸(女傑)은 말과 행동이 당당하고 씩씩한 여성이라는 뜻으로 지었는데 뭐가 어때서! 원래 상태로 돌리자고.

우리는 오래전에 함께 교육을 받았다. 교육 수료 후에 마음 맞는 친구 5명이 모임을 하고 있다. 2명은 수도권에 살고 3명은 지방에 산다. 매년 한두 차례 만나는데 코로나19로 인해 3년 만에 모였다. 친구들이 모임 장소 중 가장 선호하는 지역은 교통이 좋은 서울이다. 이번에는 몇 년 만나지 못한 애환을 한꺼번에 풀려고 멋진 곳에서 보내자고 했다. 어디가 좋을까 정보를 찾았다. 시

내 중심이 좋았다. 오가며 지나친 충무로에 있는 고급 한식집 '한국의 집'에 가 보고 싶었다. 전통 혼례도 하는 곳이라 품위있는 분위기였다. 한복을 곱게 차려입은 분들이 조용조용 걸으며 정성이 담긴 상을 차려주었다.

저녁에는 야경을 바라보며 식사를 할 수 있는 남산타워 '앤그릴'에 갔다. 시간 가는 줄 모르고 2시간 넘게 식사했다.

모두 이곳에 처음 왔다. 넓은 접시에 앙증스러운 음식이 한 가지 두 가지 나올 때마다 서빙하는 분의 설명을 듣고 맛을 음미하는 즐거움이 컸다. 우리나라 8도 음식이 신기했고 과분한 대우를 받는 듯했다. 맛도 서비스도 좋은 장소에서 호강하는 날이었다. 5명 중 4명이 얼마 전에 은퇴해서 평일 모임이 가능했다. 하루쯤 자신한테 후한 대접을 해주는 건 중요하다. 설사 자주 가진다 해도 누가 뭐라고 하겠는가? 분위기가 좋아서 와인을 시켰는데 무엇을 주문할지 몰라서 쩔쩔맸다. 가끔 막걸리는 먹었지만 대부분 술을 좋아하지 않아 이쪽 분야에는 잘 모르고 있다. 도움을 받아 '샤또 오 카디날'을 주문했다. 한 모금만 마신다고 하던 친구가 "와, 좋다." 더 달라고 하니 너도나도 "조금만 더"라고. 달달하고 깔끔한 우리의 만남처럼 뒤끝이 깨끗한 와인의 맛에 어느덧 술을 즐기고 있었다. 서로 얼굴을 바라보다가도 색다른 바깥 풍경이 펼쳐질까 궁금해하며 관찰하는 시간이 꿈만 같았다. 우리는 의자에 그대로 앉아있고, 전체적으로 건물이 조금씩 돌아가면서 다른 풍경이 보였다. 1시간 40분, 드디어 원점으로 돌아왔다. 신비스러운 야경, 멋진 세상에 존재하고 있는 게 확실했다.

높은 곳에서 있다가 밖으로 나와 한 계단 한 계단 조심스레 밟고 내려오는 기분도 좋았다. 형형색색의 불빛을 보며 마음속에도 아스라한 빛이 스쳐갔다. 숙소 앞에 다다르자 친구들은 이렇게 좋은 밤이 있느냐고 말했다. 고조된 기분으로 호텔에 와서는 각자 어떻게 살고 있는지 이야기를 나눴다. 어디에 가든지 가는 곳마다 주인이 되라는 수처작주(隨處作主). 돌아가면서 발언했다. 나를 인정하지 않으면서 곁에 있는 사람의 말에 쉽게 공감할 수 없다. 긴 직장생활로 남 앞에서 말하는 경험이 많은데도 말할 순서를 정하니 뜸을 들였다. 거창한 계획 같은 것은 없고, 주로 은퇴 전에 하고 싶었던 일을 하나씩 하면서 자유롭게 사는 게 얼마나 행복한가가 대부분이었다.

그러고 보면 이제는 삶을 자로 재듯이 정확하고 반듯하게 살려고 하는 게 오히려 부자연스럽다. 어느 정도 자신의 시간을 조절할 수 있는 시점에 와 있으니 조금씩 마음을 내어주는 아량이 필요하다. 친밀한 관계인 모임은 건강할 때까지라고. 오래도록 유지하려면 몸 잘 챙기면서 지내자는 의견에 모두가 공감했다. 씩씩하고 당당하게 살자고 지은 이름인 여걸5! 우리에게는 경우의 수를 늘릴 수 있는 뜻의 5지보다 여걸5가 더 어울리는 이름이다. 결국 처음 결정한 이름으로 돌아왔다.

제발 겨울철만이라도

📖 사회복지 중 '노숙인' 관련 업무를 맡은 적이 있다. 여러 분야의 보직 중에 이 일은 마음에 들지 않았다. 이들을 직접 상대할 일이 많지 않을 테지만 관리해야 할 의무가 부담이었다. 노숙인은 상당한 기간 일정한 주거없이, 주거지로 적합하지 않은 곳에서 생활하는 사람이다. 보통 보호시설을 이용하나 그곳에 들어갔다가 적응하지 못하고 다시 길거리로 나오는 사람도 있다. 주로 동료들끼리 싸우거나, 규칙적인 생활이 번거롭고 통제받는 게 싫어서이다. 이들에게 폭염, 폭우, 폭설과 한파는 치명적이다. 폭염도 위험하지만 겨울에는 동상에 걸리거나 사망하기도 한다. 위험을 방지하는 방법은 집으로 돌아가게 하는 건데 그 생활이 길어지면 그들끼리 친구가 되어 어려워진다.

행정기관에서는 불상사가 생기지 않도록 여름과 겨울에 집중적으로 실태조사를 한다. 낮에는 이곳저곳 돌아다녀서 만나기 어렵다. 주로 지하철역에서 잠을 자므로 그곳으로 갔다. 몇 명이 몰려다니면 눈치챌까 따로 멀찍이 서 있었다. 편견을 가지지 않으려고 해도 마음이 무거웠고 말을 붙이면 어떤 반응을 보일까 걱정됐다.

그들은 밤 11시가 되자 봇짐을 메고 하나둘씩 나타났다. 순식간에 20여 명이 되었다. 모두 말이 없고 질서정연하게 똑같은 침낭을 깔았다. 종교시설에서 침낭을 줬다며 역 직원이 말했다. 서열과 지정자리가 있는 것 같았다. 가까이 다가가는 게 엄두가 나지 않는데 몇 사람이 힐끗 쳐다보기에 눈을 맞췄다. 멀쩡하게 생긴 사람도 있으나 대부분 행색이 꼬질꼬질했다. 상담을 해야 하는데…. 잠자리 정리가 끝나고 바로 누우면 낭패다 싶었는데 의자로 와서 앉는 사람이 있었다. 말을 붙였더니 대답하지 않았다. 겨우 한 사람이 입을 열었다.

"밖에서 사는 게 편하고 끼니는 무료급식소에 해결한다"며 "더는 묻지 말라"고 했다.

계속 말 걸면 욕을 할까 봐 현황만 파악하고, 설득할 방법이 없어서 돌아왔다. 떠돌아다니며 편할지 몰라도 길에서 사고가 생기면 행인들이 경찰서로 신고한다. 결국 구청으로 연락이 온다. 아프면 병원에 데려가야 하고 무연고자나 연고자가 있더라도 사망할 경우 인수를 거부할 때는 장례를 치러야 한다.

늦가을에 행려사망자가 생겼다. 장례를 지내려면 검사 지휘서가 있어야 한다. 절차를 밟느라 분주했다. 화장이 끝나기를 기다리는 시간은 꽤 길었다. 찾는 이도, 울어주는 이도 없는 이 사람,

어떻게 50세가 넘도록 살았을까? 이렇게 초라하게 살다가 떠나려고 세상에 태어나지는 않았을 텐데….

　노숙인이 된 순간부터 자포자기하다가 아픈 몸이 되었으니 얼마나 고생이 많았을까? 인간존엄성의 범위는 어디까지일까? 뼈의 성분은 누구나 똑같으리. 뜨거운 불에 탄 재는 깨끗했다. 따뜻한 유골함을 받아드는데 눈물이 쏟아졌다. 하늘나라에서는 부디 평안하라며 절했다. 날씨가 추워지니 낮인데도 노숙인이 지하철역 의자에 앉아있다. 무심히 지나치고 싶어도 예사롭게 보이지가 않는다. 제발 겨울철만이라도 보호시설에 들어가서 생활할 수는 없는지요?

제4부

바람의 노래

리더의 길목에서

📖 축하합니다. "공무원의 꽃이 되었네요." 덕담들이 이어졌다. 오래 근무하다 보니 좋은 일이 찾아왔다. 기초자치단체에서 사무관이 되면 공무원의 꽃이 되었다고 한다. 리더가 되는 조건은 중앙정부에서 운영하는 6주간의 역량강화 교육을 받아야 한다.

교육 첫날, 강의실 입구에 교육생 명단과 이름표가 있었다. 전국에서 모인 331명.

자리에 앉자마자 운영계획 책자를 훑어보았다. 떨림이 있었다. 책에서 나는 향기가 내 인생 곳곳에도 스며들 수 있겠다는 생각이 들었다. 자기변화 훈련, 시대변화와 정서함양, 지역문화 우수사례 견학 등 다양한 내용들. 애써 기획한 과정, 적극적으로 임해야겠다. 소감 나누는 시간에 승진하기까지 힘들었다며 홀가분한 마음으로 교육받겠다는 사람이 많았다. 강사들도 리더가 되려면 교육도 중요하겠지만 동료와 부하직원, 지역 사람들과 소통을 잘해야 한다고 했다. 어떤 조건이든 자기만족이 없으면 너그러워지기 어려우므로 마음의 소리에 귀 기울이기로 했다. 우선 교육원을 대학교라고 생각하자. 누가 나에게 인생에서 아쉬운 점이 무엇이냐고 묻는다면 20대에 대학 캠퍼스를 누리지 못한 거라고 대답할 것 같다. 아무런 걱정없이 학교 다닌 친구들이 얼마나 부러웠던가! 아침에 눈을 뜨면 몸이 가볍다. 세수하는 게 즐거워서 겨울인데도 찬물로 한다. 대부분의 교육생은 숙소에서 간단히 아침을 해결한다. 나는 이른 시간 학교 갈 준비를 하고 숙소를 나온다. 산책과 식사를 하고도 수업 시작 시간이 되려면 한참 있어야 하므로 새로운 생활이 시작되었다. 곳곳으로 이어진 산책로를 다니거나 도서관, 24시간 자유 열람실을 드나들었다. 그래, 지나온 인생을 다시 살 수는 없다. 순서를 거슬러서 대학생이 된 듯 행동해 본다. 서가에서 마음에 드는 책을 뽑아서 책상에 앉으면 세상이 온통 나를 중심으로 돌아가는 듯했다. 다행인지 불행인지 도서관에 오는 사람이 적어서 넓은 공간은 책과 나를 위해서 있는 게 아닌가 착각했다. 사서가 말을 붙였다. "오셨어요? 어떤 책 좋아하세요?"

김난도 외, 『트렌드 코리아 2018』에 나오는 '小確幸(소확행)' 참 좋네요. 작지만 확실한 행복. 도서관에 가는 게 기다려졌다. 교육이 끝날 무렵, 혼자서 즐기며 다니느라 화이부동(和而不同)했던 내게 같은 숙소에 있던 동료들이 말했다. "한결같은 마음을 읽었다"며 처음에는 내가 별나 보였는데 시험기간이든 아니든 똑같이 행동해서란다. 나름 눈치가 보였는데 있는 그대로 봐주고 좋게 해석해줘서 고마웠다. 다들 교육받으며 자존감이 높아진 것 같다. 내 시험성적은 중간쯤. 낙제하지 않으면 무사히 교육을 수료한다. 연연하지 않고 읽고 싶은 책 읽으며 자유로웠으므로 만족한다. 교육 오기 전에 동장(洞長) 보직을 받았으나 교육이 끝나는 날, 사무관이 된다. 앞으로 역할은 지역을 관리하며 주민의 애로, 건의사항을 시장(市長) 입장에서 처리하면 된다. 찾아오는 사람들이 내 부모, 형제자매, 이웃들이라고 생각하면 버선발로 쫓아가지는 못해도 반기며 맞이할 수 있으리. 눈과 귀가 자유로울 수 있도록 자존감을 키우련다. 큰 줄기를 잡고 맥을 짚어야겠다. 중심을 잡되 다른 사람들의 의견을 아우르며 합리적으로 판단하고 결정해야겠다. '지금, 여기'는 영원할 수 없다. 빨리 사무실로 가서 일하고 싶다. 멀게만 느껴졌던 리더의 길이 조금씩 보인다.

막내 삼촌

　　📖 삼촌과 대화할 때면 꼭 듣는 말이 있다. 아마도 당신의 의견을 조심스럽게 표현할 때 쓰신 것 같다. "내가 이렇게 말하면 어떻게 생각할지 모르지만."

　삼촌은 남의 흉을 보거나 비판하지 않는다. 몸에 밴 부지런함으로 아프기 전까지 일을 찾아서 했고 자전거를 타며 몸을 챙기셨다. 술, 담배를 하지 않고 절제된 생활을 해온 터라 건강한 줄로만 알았는데 췌장암 진단을 받으셨다. 병을 담담히 받아들이며 누구도 원망하지 않고, 1년 가까이 치료받다가 75세 때 돌아가셨다.

　할머니는 86세에, 아버지와 삼촌들은 80세를 못 넘겼다. 육형제 중 한 분 남은 막내삼촌이 야위어가는 모습을 보며 안쓰러웠다. 강인한 정신은 그대로여서 기적이 일어나기를 기다렸다. 돌아가시기 한 달 전까지 고향에서 우리 세 자매 내외가 삼촌과 숙모님을 모시고 돌아가면서 밥을 사드렸다. 소화기능이 약해져서 제대로 드시지 못하고 식사량도 적어서 거절할 줄 알았는데, 우리의 제안을 선뜻 받아들이셨다. 화려한 상차림도 별 의미가 없을 삼촌은 반은 눈으로 식사하셨다. 우리와 마주 앉아 함께하는 시간이 좋으셨을 것이다. 그날은 우리가 대접하는 날이라 식사 후에 집으로 와서 긴 이야기를 나눴다. 삼촌은 몸 상태를 자세하게 이야기해 주셨다. 가난하게 살았으나 큰 욕심 내지 않았다며 "이제 떠날 준비를 해야지." 하시는데 진지해 보여서 슬픔도 잊었다. 질녀들한테 대접을 받았으니 조만간에 당신도 밥을 산다고 하셨다.

만남 이후 삼촌이 외국에서 일한 기간이 궁금해서 전화 드렸다. 언제, 어디에서 몇 년을 지냈으며 날짜까지 기억하고 있었다. 결혼 후 70년대 말에 중동과 미국에서 9년 가까이 일하셨다. 그 시절 이국만리에서 남편들이 돈을 벌어서 집으로 보내면 일부 부인들은 탕진해서 가정파탄이 일어나는 경우가 언론에 보도되기도 했다. 숙모는 삼촌이 멀리 떠나자 친정에서 살았고, 아이들의 성장 모습을 전하며 그리움과 외로움을 보듬었다. 삼촌이 기억력이 좋은 이유는 젊은 날 가족과 떨어져 지낸 날의 애틋한 마음 때문일 것인데 괜히 기억을 더듬게 했나 싶었다. 그동안 노고에 박수를 보내드린다고 하니 고맙다고 하셨다.

누구나 삶에서 '화양연화'도, 힘든 시기도 있기 마련이다. 이런 일을 잘 알아차리고 대처하면 인생의 전환점을 맞이할 수 있다.

작은집이 경제적으로 넉넉해진 계기가 오랜 기간 삼촌이 외국에서 일하셨기 때문이라는 것은 가족이나 친지들이 다 아는 사실이다. 삼촌은 결혼 전후에 10년 정도 국수공장에서 일하며 공장장 자리까지 맡았다. "삼촌이 정직해서 퇴근 후 집으로 올 때 국수 한 가락도 들고 오지 않았다." 사장이 신뢰할 거라고 엄마가 말씀한 적이 있었다. 사람들에게 바르고 정직한 인상을 주기란 쉽지 않은데….

  몇 년 전, 이를 입증하는 일이 생겼다. 국수공장댁과는 40년이 넘게 연락없이 살았는데 그 집 안주인 팔순잔치에 사장 아들이 삼촌을 초청했단다. 그 가족들이 삼촌을 기억해 준 건 보통일은 아니다. 잔치 장소에 어색해 하며 들어가니 안주인 딸이 반갑게 맞이해 주었단다. 옛날에 고마웠다며 50만 원을 건넸단다. 누구나 한 번쯤 은혜 입은 사람이 문득문득 떠오를 때가 있을 것이다. 그 가족들처럼. 삼촌이 일하고 있을 때 사장님은 돌아가셨고 아들이 공장을 물려받아서 지금까지 운영하고 있단다. 세상에는 좋은 사람도 있고 나쁜 사람도 있다. 남의 노고는 생각하지 않고 혼자 잘해서 성공한 줄 알고 공을 자기 몫으로 생각하는 사람이 있다. 고마움에 대하여 마음속으로 간직하는 사람이 있는가 하면, 뭔가 드러나게 표시하는 사람이 있다. 삼촌의 자존감을 높인 이분들의 따뜻함에 마음이 훈훈하다. 삼촌의 장례는 유언에 따라 화장했다. 한 사람을 멀리 떠나보내는 일은 숨을 죽이고 지켜보며 슬픔을 삼키는 시간까지 절차가 많았다. 유골은 찰밥으로 꼭꼭 뭉쳐서 형제들과 형수님들이 계시는 산소 주변에 뿌렸다. 먼저 와서 계신 형님들이 어서 오라고 반기겠으나 한편으로는 요즈음 수명도 길어졌는데 왜 이리 빨리 이곳에 왔느냐고 할지도 모른다. 예전에 엄마는 저승에서도 꼭 필요한 사람이 있어서 나이와 관계없이 데려갈 거라고 하셨다. 삼촌은 어떤 역할을 하실까?

외국에 있다가 국내에 다니러 오셨을 때 남매 계를 제안해서 오랜 기간 유지했었다. 하지만 형제들이 한 분 두 분 돌아가시면서 모임이 중단되었다. 이제 다시 모였으니 행복한 시간 보내시기 바랍니다. 우리에게 사주기로 하신 밥은 코로나19로 하필 모임 인원 제한에 걸려서 못했으니 잘 먹은 것으로 하겠습니다.

삼촌, 이제는 "내가 이렇게 말하면 어떻게 생각할지 모르지만"이라는 말은 생략하고 빈틈도 보이면서 편안히 지내시면 좋겠습니다. 달과 별이 지켜보는 고향 언덕에서 가끔 예전처럼 다 같이 노래 부르고 춤 추면 밭의 농작물과 새들이 축복해 주실 겁니다.

무

📖 무를 보자 파란 부분을 잘라서 한입 베어 물었다. 참 맛있다. 집에 과일이 없을 때는 있어도 무는 늘 있다. 무를 좋아한 데에는 아버지의 영향이 크다. 긴 겨울밤 아버지가 먹자고 하시면 입에 침이 고였었다. 앞마당 귀퉁이에 무를 품고 있는 자리는 보물창고 같았다.

아버지는 늦가을이면 땅속 깊은 곳에 바닥을 고른 뒤 무를 저장했다. 바람이 들어가면 언다고 짚을 단단히 뭉쳐서 구멍을 꼭 막고 위에 비닐을 덮었다. 땅속에서 겨울잠을 자며 꼼짝하지 않고 있다가 봄이면 나오는 동물과 달리 무는 잠을 잘 사이가 없다. 매일같이 꺼내 먹기 때문이다.

가족 중 무를 날것으로 먹는 사람은 아버지와 나뿐이었다. 야식으로 고소한 땅콩이나 군고구마를 먹은 기억은 없다. 아버지가 먹자고 하면 대야를 들고 무 저장고 앞으로 갔다. 막힌 구멍을 빼고 송곳이 붙은 나무막대기를 안으로 넣어서 조심스레 끌어올렸다. 실수해서 아래로 뚝 떨어질까 집중하며 꺼냈다. 수리수리 마수리, 야호! 대부분 성공이었다. '노력은 성공의 어머니.' 흔한 말을 공부가 아닌 무를 꺼내면서 익혔는지도 모른다. 냉장고가 없던 시절, 땅에 묻어둔 무는 싱싱했고 노란 싹이 나기 전에 다 먹었다. 과일처럼 무도 매끈하고 잘생긴 게 맛있다. 더러 살짝 매운맛이 있어도 꼭꼭 씹으면 단맛이 난다. 언제부턴가 시중에 많이 나오는 제주도 무는 겉이 깨끗하고 푸른 부분이 더 많다. 선호하는 부분이 금방 없어지니 흰 부분만 늘어간다. 하지만 걱정할 일이 아니다. 된장 끓일 때 넣으면 국물이 달콤하다. 깍두기나 김치류는 물론 곱게 썰어서 생채를 하거나 무 밥을 해도 된다. 흰 무는 어떤 재료와 섞어도 맛있다. 특히 무밥은 파와 마늘이 들어간 양념간장에 참기름을 넣고 비벼 먹으면 담백하다.

　겨울에 먹는 무가 맛있으나 요즈음에는 농업기술의 발달로 사시사철 나와서 가리지 않고 산다. 무를 먹고 트림을 안 하면 보약을 먹는 것과 같다고 한다. 천연소화제. 감기예방, 항산화작용 등 다양한 효능이 있어서일 테다.

　어느 해인가 태풍 피해로 무가 엄청 비쌌고 쉽게 구할 수 없어서 안타까웠다. 농민들의 피해도 컸다. 무를 비롯해 채소 생산량이 전국의 30%인 제주도에서는 대책을 마련했다. 2021년, 농업기술원과 지방기상청이 '제주농업 기상서비스 개발협력 증진' 협약을 체결해서 다행이다. 이상기온으로 인해 밭작물 피해는 생산

량에 영향을 미치므로 재배와 관련한 지원제도는 필요하다. 내가 무를 좋아하는 만큼 농가에서도 걱정없이 농사를 지었으면 한다. 종아리가 굵고 못생긴 다리를 보면 무다리라고 한다. 공감하기가 어렵다. 무는 과일처럼 새콤달콤하지 않지만 은근한 맛이 있어서 질리지 않는다. 과일과 무가 나란히 있으면 무에 손이 먼저 가니 내게는 채소 중에 진국이다.

 냉장고 안에 흰 부분만 몇 토막 있어서 또 무를 사러 시장으로 간다.

바다에 누워

노래를 불러야 할 장소에 가면 어떤 곡을 선택할까? 망설인다. 누구와 가느냐에 따라 다른데, 될 수 있으면 새로운 노래를 부르고 싶다. 특히 처음 함께하는 사람이 있으면 어떤 이미지로 각인될까 궁금하다. 표정이나 말투 못지 않게 노래 부르는 모습에서도 그 사람의 성격이나 심정을 파악하려는 마음이 있기 때문이다. 그날은 교수님과 학생들이 노래방에 갔다. 나이가 위아래로 스무 살 이상 차이가 나서 선곡하기가 어려웠다. 어떤 유형의 노래가 좋을까? 남들은 기대가 없는데 괜히 애쓰고 있는 걸까? 트로트를 부를까 하다가 발라드로 정했다. 대학가요제에서 가수 높은음자리가 불렀던 「바다에 누워」가 안성맞춤이었다. 서정적이고 시적이다. 전주만 들어도 신이 나고 젊은 기운이 살아나는 노래다. 반주가 흘러나오자 분위기가 고조되었다. "마음은 물결처럼 흘러만 간다. 저 바다에 누워 외로운 물새 될까. 물살의 깊은 속을 항구는 알까…"

바다에 와 있는 듯했다. 몸이 꿈틀거렸다. '딥딥딥 딥딥디디디 디디….'

팔을 들었다 내렸다 하며 어깨춤을 췄다. 와우, 부라보! 호응하더니 동작을 따라 했다. 얌전한 고양이가 부뚜막에 먼저 올라가는 격이 되었다. 나의 이미지가 반전이라며 재미있다고 했다. 시원한 바다에 들어갔다 나왔는데 열기가 더해졌다. 앞으로, 노래방에 처음으로 함께 오는 사람들 앞에서는 이 노래를 불러야겠다.

20년이 지난 지금도 그때를 기억하며 이야기하는 학우가 있다. 인연이 질긴 노래다. 그렇더라도 마음속에서는 같은 노래를 자꾸 부르거나 듣게 되면 신선해 보이지 않을 거라는 생각이 들었다.

몇 년 전, 문학 행사 때 이 노래를 불러달라고 요청이 들어왔다. 조용한 성격인 그녀는 내가 모임에서 불렀던 모습이 인상 깊었다며 다시 듣고 싶다고 했다. 엉거주춤, 엉성하게 사람들을 웃기는 거라 장기자랑에 나가는 건 맞지 않아서 거절했다. 웬걸, 사회자에게 말했는지 내 이름이 호명되었다. 뜻밖이었다. 어떻게 해야 하나? 예정된 프로그램에 없으니 사양할 수 있지만 나갔다. 그동안 호응이 좋았으므로 이번에도 그렇겠지 긍정하면서….

처음으로 온 행사라 몇 명 빼고는 내가 이 노래를 부르는 걸 본 사람이 없다. "노래를 못하는데 신청이 들어와서 용기 하나

믿고 나왔습니다." 박수 소리가 크다.

　낯선 사람이 나와서인지 시선이 집중되었다. 30명이 넘는 사람들 앞에 무방비 상태로 섰는데 관심을 보이니 걱정되었다. 갑자기 같은 방을 쓰는 사람들을 불러냈다. 이름이 생각나지 않아서 "308호 도와주세요!!" 웃음소리가 났다. 'SOS'를 받자 두 명이 나왔다. 든든했다. 노래방 기기가 없어서 핸드폰으로 'MR'을 켜고 불렀다. 많이 불러서인지 틀리지 않았다. 노래는 늙지 않았는데 만난 사람들은 나처럼 나이를 먹었다. 예전처럼 불렀으나 공간이 넓어서 분위기가 나지 않았다. 1절만 하고 들어오려니 엄지를 치켜들며 앙코르가 나왔다. 특별출연한 거라 충분했다. 그동안의 환상을 깨고 싶어서 점잖게 부르려고 했던 게 또?

　불경기가 없는 노래다. 같은 방을 쓰는 사람이 호출을 받고 황당했단다. 먼 곳 지방에서 온 그들의 마음이 넉넉했으니 망정이지 무대에 나오지 않았으면 망신스러울 뻔했다. 악센트가 들어간 부분은 "저 바다에 누워 외로운 물새 될까."다. 가끔 바다에 누워서 해 저무는 노을을 바라보고 싶다. 밀물의 움직임과 물결의 감촉을 느끼며 일렁이는 수면 위를 떠다닐 수 있다면! 상상만으로도 기분이 좋다. 가사 속의 주인공이 되고 싶은 노래가 어디 한두 곡일까? 중요한 건 도취되어 눈을 감고 노래를 부르느라 타인의 시선을 느끼지 못하면 곤란하다. 누군가는 유심히 바라보며 따라 부르기도 할 테니까. 즐기는 분위기가 만들어지면 만족도 최고!

바람의 노래

📖 멀리 군 단위 교육원에 5일간 등산 교육받으러 왔다. 낯선 장소에 오면 새로운 풍경을 만날 수 있을 것 같아 주위를 살펴본다. 하얀 빨래가 널려있는 집이 있을까? 꽃밭에 옹기종기 꽃이 모여있는 집은 있을까? 마을 입구로 들어가는데 활짝 핀 철쭉이 반기는가 싶더니 나뭇가지에 현수막이 걸려있다. '교육생들은 코로나 발생이 우려되니 마을 출입을 자제해 주세요.' 몇 가구 되지 않은 마을에서 낯선 사람들을 경계하고 있다. 사람이 무서워서가 아니므로 서운한 마음을 접고 발길을 돌린다.

고개를 길게 빼서 바라보니 건너편에 제방이 보인다. 서둘러 그곳에 도착하니 제방을 중심으로 하천과 밭이 있었다. 이것저것 재지 않고 둑 아래 쪽으로 걸었다. 사람을 만날까 봐 신경이 쓰였으나 아무도 없었다. 며칠 동안 오붓하게 산책할 곳을 찾아 묘한 기분이 들었다. 독차지한 공간에서 솔바람이 살갗을 스치자 조용필의 「바람의 노래」를 읊조렸다. 분위기와 마음이 따로 놀았다. "나를 떠난 사람들과 만나게 될 또 다른 사람들, 스쳐가는 인연과 그리움은 어느 곳으로 가는가." 혼자 또는 서로가 그리워할 사람이 있다면 그 그리움은 값지다. 마음을 추스른다. '나의 작은 지혜로는 알 수가 없네, 내가 아는 건 살아가는 방법 뿐이야.'

감정을 노랫말로 마무리하니 차분해진다. 가깝게 지내다가 연락이 닿지 않는 교수님이 강의했던 교실이 떠올랐다. 인연과 선연(善緣), 백석 시인의 『나와 나타샤와 흰 당나귀』에 대한 강의는 학생들의 마음을 사로잡았다. 눈이 푹푹 쌓이는 밤이면 뜬 눈으로 보낸 학생들도 있었으리라. 우리는 강의시간을 기다리며 들떠 있는데 교수님은 누구에게도 눈길 한번 주지 않고 벽만 보고 말씀하셨다. 출석을 부르지 않고 강의에만 열중하느라 교감이 되지 않아서 답답했다. 그런데 기적 같은 일이 일어났다. 강의가 시작되자마자 칠판에 내 이름을 쓰셨다. 가슴에서 쿵! 소리가 났.

「옛날 이야기」 과제물을 읽고 감명받았다고 하셨다. 얼굴이 화끈거리고 피가 몸을 한 바퀴 돌고 있는 것 같았다. 여전히 눈을 맞추거나 이름은 부르지 않았다. 수업 후 학우들이 부러워했고, 차차 시기하는 사람도 생겼다. 그날 이후 교수님과 만나기 위해서 이 학교에 입학한 게 아닌가? 확대 해석했다.

어느 날, 지하철역 앞에서 우연히 마주쳤다. 횡재한 기분으로 인사드렸다. 교수님은 마치 기다렸다는 듯이 집은 어디며, 결혼은 했는지, 막차가 몇 시에 있는지 물으셨다. 짧게 대답하자. "맥주 한잔

해요." 동석한 사람은 네 명. 자리에 앉자마자 나를 바라보며 최명희 작가의『혼불』을 읽었느냐고 물으셨다. 그러더니 첫 문장을 술술 외워나갔다. 교실에서 뵌 모습과 전혀 달랐다. 다행히 읽은 책이라 대화가 쉽게 이루어졌다. 가끔 식사하고 학회도 쫓아다녔다. 할머니가 들려준 이야기를 내가 구연해서 연구자료로 쓰셨다. 어떤 때는 교수님이 허물없는 친구 같았다. 오래도록 만나자고 해서 선연(善緣)이 이어지리라 믿었다. 졸업 후 환경이 바뀌니 긴 만남을 유지할 명분이 없어서 시절 인연으로 끝나고 말았다.

산책할 만한 길이 여러 갈래로 있었으면 여기저기 다녔을 테다. 살면서 중요한 선택을 해야 할 길목에서도 그랬으니까. 교육 마지막 날이라 제방 위쪽이 궁금했다. 조금 걷다 보니 아래쪽 길보다 바닥이 평평해서 편했다. 처음부터 이 길을 걸었으면 좋았을 텐데. 흙 빛깔이 다르게 보이고 마음 또한 그랬다. '보다 많은 실패와 고뇌의 시간이 비껴갈 수 없다는 걸 우린 깨달았네. 이제 그 해답이 사랑이라면 나는 이 세상 모든 것들을 사랑하겠네.'

산책길이 쭉 뻗어있고 끝이 보이지 않는다. 더 가고 싶어도 아침 식사시간이 정해져 있어서 마냥 걸을 수 없다. 발꿈치가 춤을 추고 생기가 돌아도 발길을 돌린다. 마을 어귀에 이르자 철쭉이 '자신은 통제와 무관하다.' '봄바람이 불면 떨어질 수밖에 없다'며 한 번만 더 봐 달라고 손짓하고 있다.

밥심으로

집안에 구수한 냄새가 진동할 즈음, 전기밥솥에서 뜸 들이기를 시작한다고 알려준다. 밥이 익어가는 동안 먹는 의미를 되새겨본다. 아침밥은 하루동안 몸을 움직일 수 있게 시동을 거는 마음으로 먹는다. 포도당이 에너지로 사용되어 뇌기능을 도와서 활동한다. 입맛이 좋아서 매일 먹어도 질리지 않는 게 밥이다.

오래전, 아침에 뭔가를 하고 밥상에 앉으라는 엄마의 말 때문에 마당을 쓸려고 밖으로 나왔다. 쌀쌀한 날씨였는데 집안에 훈기가 돌았다. 부엌에서 도란도란 부모님의 목소리가 들렸다. 생전 처음 맡아보는 듯한 밥 냄새가 나를 포근하게 했다. 찬바람이 들어올까 봐 부엌문은 닫혀있었다. 나무로 된 두 짝의 문틈으로 안을 들여다보니 아버지는 아궁이 앞에 앉아있고 엄마는 부뚜막에서 움직이고 있었다. 아침밥은 조밥이었다. 작디작은 노란 조는 밥의 양을 늘리지 못하는 단점이 있지만 단아해 보이고 조금은 수줍어하는 모습도 있다. 드문드문 쌀이 섞인 고소한 밥과 숭늉이 좋았다. 어른들이 '밥심으로 산다'고 한 말이 그냥 나온 게 아니다. 아침밥을 든든히 먹으면 점심 먹기 전까지 누가 간식이나 맛난 걸 권해도 먹고 싶은 마음이 생기지 않는다.

사람마다 습관이나 체질에 따라서 활동시간이 다르다. 늦게 자고 늦게 일어나는 사람이 있는가 하면 일찍 자고 일찍 일어나는 사람이 있다. 일어나서도 하는 순서가 다르다. 직장 다닐 때는 눈 뜨면 바로 부엌으로 가서 밥을 하는 게 1순위였다. 지금은 스트레칭 후에 부엌으로 간다. 우리 가족은 밥을 중요하게 여긴다. 아침에는 세 명이서 함께 식탁에 앉는다. 식사시간은 사랑의 확인과 흡사한 걸까? 전날 다투더라도 밥은 같이 먹는다. '미운 사람 떡 하나 더 준다'고 반찬 한 가지 더해서 차리면 나쁜 감정이 누그러지기도 한다. 아주 드물게 아침에 감자나 고구마와 과일을 먹을 때가 있다. 그럴 때면 밥 냄새를 맡고 싶다.

예전처럼 못 먹고 사는 시대가 아니라서 아침을 간단하게 먹는 사람들이 많다. 무얼 먹든 먹어야 힘을 내며 사는 게다. 지인들과 만날 때 장소나 방법도 다양하다. 속마음을 털어놓으며 친해지고 싶으면 술 한잔하자. 차만 마시거나 산책만 하는 사람도 있다. 그런데 꼭 밥을 먹자고 할 때가 있다. 부담없이 편한 사람이거나 가깝다고 느낄 때가 그렇다. 뭐니 뭐니 해도 가족과 함께 맛있는 것 먹을 때가 제일 좋다. 처음 가본 곳에서 입에 맞는 음식 먹을 때 다음에 가족과 와야지 하는 것도 그래서이다.

엄마가 아침에 내게 무엇을 하고 밥 먹으라고 한 말을 남편에게 들려주었다. 그래서인지 남편이 부엌일을 자연스럽게 한다, 일을 분담하면 수월하고 소속감 또한 생긴다. 이제는 엄마의 뜻을 넓게 해석하고 있다. 하루를 시작하는 아침. 집안을 훤하게 하고 밥상에 앉는 게 나름의 의식이고, 근면성을 길러주고 싶었던 거라는 걸. "너는 꾸지람을 들어도 밥은 먹었다." 그 모습이 예뻤다고 하셨다. 제때에 밥을 먹고 끼니를 거르지 않으면 마음에 찬바람이 들어오지 않는다. 밥을 잘 먹으면 자신을 소중히 여기고 가족이 안심한다.
　오늘 아침에 모처럼 조밥을 했다. 쿠쿠 밥솥에서 전기배출이 시작된다고 하더니 "맛있는 밥을 완성했습니다. 밥을 잘 저어 주십시오." 음성이 나온다. 밥솥 뚜껑을 연다. 하얀 쌀과 노란 조가 조화롭고 다정해 보인다. 입맛이 돈다.

방문객

📖 원했던 도서관으로 근무지를 옮겼다. 기쁨도 잠시, 일터에 오니 이용자가 쉽게 볼 수 있는 안내 게시판이 없고 곳곳에 '쉿! 떠들지 마세요. 낙서 금지' 등 부정적인 문구만 보였다. 이전까지는 책을 빌리고 반납만 하느라 살피지 않았다. 앞으로는 방문객이 아닌 도서관 전반을 운영해야 될 입장이라서, 대충 훑어봐도 할 일이 많아서 마음이 급해졌다. 전임자도 직장생활 중에 가장 힘든 곳이 여기였다고 했다. 직원은 내게 가장 잘 어울리는 곳이라고 하는데, 찬스?

사명감을 느끼니 입술이 말랐다. 타 도서관에서는 어떻게 운영하고 있는지 궁금해서 몇 군데를 방문했다. 겉보기에는 비슷해 보였다. 빨리 업무를 파악하려는 조급한 마음은 본인에게나 타인에게 크게 도움이 되지 않는다. 우선 눈에 거슬렸던 문구들을 바꾸었다. 명령형에서 청유형 또는 스스로 실천하고 싶도록.

맨 처음, 계단 주변에 '발꿈치는 살짝'이라는 문구를 붙였다.

짧은 문구 하나 바꿨는데 몸과 마음이 가벼워졌다. 사람 심리가 하지 말라고 하면 더 하고 싶은 건 반발심이나 청개구리 근성 때문이란다. 그동안 길가 등에서 소변 또는 흡연 금지라고 붙여놓은 곳이 오히려 더 지저분한 것을 봐 왔다.

가장 '고질 민원'은 몇 년씩 취업시험을 위해 공부하러 오는 사람들이라고 들었다. 여럿이 모여 떠들고 도서관에 무슨 꼬투리라도 잡으려고 관찰한단다. 하지만 이들과는 비교가 되지 않는 사람들이 있었다. 중고생 시험 기간이 되면 학생들이 뛰어다니고 친구들과 잡담을 많이 했다. 자원봉사자, 직원들이 지도해도 효과가 없고 돌아서면 똑같은 일이 반복되었다. 목소리가 큰 여학생한테 조용히 공부하라고 하니 '오케이'했다. 버릇이 없어서일까? 친근해지려고 그러는 걸까? 도움을 청하려고 어느 날 불쑥 관내 중고등학교를 방문해서 지도선생님이 한 번만이라도 도서관에 올 수 있도록 부탁드렸다. 말없이 학생들의 등을 두드려주면 그들의 태도가 달라지지 않을까 해서다. 생각과 달리 시큰둥해 하거나 어렵다고 했다. 아마도 '당신들이 할 일을 왜 학교 측에 떠넘겨?'라는 의미인 듯했다.

얼굴이 화끈거리고 에너지를 낭비한 것 같아서 씁쓸했다. 며칠이 지나자 모 고등학교 교감선생님이 교사 다섯 분과 함께 도서관에 와서 아이들의 등을 두드려주셨다. 아이들도 교감 선생님의 진심을 읽었겠지? 힘을 얻어서 '낙서는 이곳에' 코너를 만들었다. 도서관 이용 관련, 대화하고 싶은 분은 매주 수요일 오후 3시에 강의실로 오라고. 힘든 일을 만든 게 아닐까? 몇 명이라도 오겠지? 몇 주를 기다려도 아무도 나타나지 않았다. 난감했다. 괜한 일을 만들어 놓고 애를 태우다니!

아, 어느 날 남자 몇 명이 호기심 어린 눈빛으로 찾아왔다. 올 것이 왔구나! 이야기를 경청하며 답답한 심정을 알겠다고 하자 귀담아들어 줘서 고맙단다. 도움을 청했더니 시험 기간에 학생들이 조용히 하도록 지도해 주겠단다.

다음 단계는 일주일 간격으로 좋은 글귀와 시를 게시판에 붙였다. 반응이 궁금해서 그 주변을 자주 왔다 갔다 했다. 하루는 30대 중반으로 보이는 여성이 나태주 시인의 「나무에게 말을 걸다」를 뚫어지게 바라보고 있었다. 가까이 다가가자 눈물을 훔치고 있었다.

"우리가 과연 만나기나 했던 것일까? 서로가 사랑한다고 믿었던 때가 있었다…."

몇 년 동안 공부하러 오는데 마음이 허전하단다. 불확실한 생활 속에서 시험공부에 매여있으니 글 한 줄이 가슴에 와 닿았으리라. 다음 주에는 어떤 글이 붙을까 설렌다며 얼마 전부터 가끔 이용자들이 게시판에 서있는 모습을 봤다고 했다. 그랬다. 40대 후반의 남성은 그의 바인더를 보여주며 도서관 게시판에 붙은 글 중 마음에 드는 글로 가족들과 정기적으로 대화한다고 했다.

다들 좋아해서 전해주고 싶어서 왔단다. 끝이 아니었다. 한 남성은 테니스장에 붙여놓으면 여러 사람이 좋은 글을 볼 수 있다며 몇 장 달라고도 했다. 남의 글로 이렇게 사람 마음을 흔들 줄 몰랐다. 하루에 몇백 명씩 방문하는 곳. 좋을 때도 있지만 피곤할 때도 있다. 정현종 시인은 「방문객」에서 "사람이 온다는 건 실은 어마어마한 일"이라고 했다. 그의 과거와 현재와 그리고 그의 미래가 함께 오는 것이므로.

복 많이 받으세요

 강아지와 산책 중에 빗방울이 떨어진다. 집으로 돌아가려고 하는데 70대 초반으로 보이는 아주머니가 다가와 메모지를 보여주며 '로얄팰리스'에 가는 방법을 묻는다. 서있는 곳에서 한참 가야 하는 거리다. 위치를 가르쳐드리니 고개를 갸우뚱하며 군포에서 왔고 초행길이란다. 몇 사람에게 물었는데 잘못 가르쳐 준 것 같다며 난감해 한다.

근처 지하철역까지 함께 가주겠다고 하니 안심하는 표정이다. 가사도우미로 가는 길인데 좋은 분을 만나서 다행이라며 복 받은 날이라고 한다. 그 집에서 오래도록 일해야 할 처지라며 역에서 얼마나 걸리냐고 묻는다. 다음에는 쉽게 갈 수 있도록 주변의 건물들을 설명하면서 목적지를 향해 가고 있다. 어느새 옷이 젖었고 강아지털이 축축해졌다. 아주머니는 미안하다며 요즈음에는 일해달라고 하는 집이 거의 없어서 힘들다고 했다. 나를 만나지 못했다면 허탕 치고 집으로 되돌아갈 뻔했단다. 일하는 이유가 간절해 보인다. 목적지에 도착하자 아주머니 얼굴이 활짝 펴진다. 약속 시간보다 일찍 도착해서 빵을 사주고 싶다며 편의점에 가자고 한다. 얼른 들어가라고 손짓하니 나중에 식사 한번 하자며 전화번호를 묻는다. 문득 엄마가 한 말이 떠올라서 불쑥 뱉고 말았다.

"누구한테 신세를 졌는데 갚기가 어려울 때는 꼭 그 사람한테만 갚으려고 하지 말고 도움이 필요한 사람에게 갚아도 됩니다"라고. 아주머니는 조심스럽게 입을 떼며 혹시 예수 믿느냐고 묻는다. 교회에 다니지 않는다고 하자 "그래도 착하구나." 헤어지며 복 많이 받으라고 하는 아주머니께 나도 똑같이 말했다.

복(福)은 '삶에서 누리는 좋고 만족할 만한 행운 또는 거기서 얻는 행복'이라고 한다. 타인에게 복을 받으라고 말하는 사람은 자기의 복을 나눠주려는 게 아니다. 세상 어디에든 존재하는 소유자가 없는 복이라서 인심 쓰듯 말하는 것도 아닐 것이다. 아주머니가 고마운 마음을 복으로 표현했으므로 나도 자연스럽게 그 말을 돌려드린 게다.

20대 초반에 복을 짓는 분을 만났다. 그날은 취업 관련 서류를 급히 가지고 오라는 연락을 받았다. 고향에서 서류를 떼야 하는데 먼곳에 있었던 터라 마음이 초조했다. 기회를 놓치면 안 되기에 앞뒤 가리지 않고 기차역까지 택시를 탔다. 수중에 가진 돈은 1,200원. 택시비 내고 나면 1,000원이 남는다. 갑자기 머리가 띵했다. 뭘 바랐는지 기사한테 남은 돈으로 기차 타고 서류 발급 후 집으로 갈 수 있는지 물었다. 그는 난감한 표정을 짓더니 "오늘 아가씨를 안 만난 것만 못하다"며 택시비를 받지 않고 차비에 보태라며 1,000원을 주었다. 마음의 여유가 없으면 염치도 없는 건가? 돈을 갚겠다는 말도 없이 덥석 받았다. 택시회사와 기사 이름을 적고는 복 많이 받으세요 하면서 내렸다. 자세히 얼굴 볼 생각을 하지 않은 채….

엄마한테 자초지종을 말하며 택시회사로 가서 돈을 갚겠다고 했다. "기사 나이가 몇 살쯤 되어 보이더냐?" 젊은 분이라고 하자 "고맙긴 한데 돈을 갚지 말고 나중에 너처럼 상황이 어려운 사람을 만나면 도와주는 게 어떠냐"고 하셨다. 누구에게 신세를 지면 얼른 갚는 엄마였다. 행실을 본받을 사람이 있으면 자세하게 이야기해 주셨는데 앞으로 갈 길이 먼 딸이 혹시 그분과 인연이 될까 염려하는 것 같았다. 엄마 말 잘 듣는 딸이었을까? 그 말씀이 옳아서였을까? 돈을 갚아야겠다는 마음을 접었다. 택시회사로 전화해서 기사님이 그곳에 근무하고 있다는 걸 확인만 했다. 무슨 방법이 있었을 텐데 나도 엄마처럼 두려움이라는 변수를 생각한 듯하다.

아무것도 묻지 않고 순수한 마음으로 도와주셨을 기사님의 심정은 어떠셨을까? 이런 내 마음을 안다면 어불성설이고 불쾌하다고 할 것이다. 우리 모녀의 뻔뻔스러움이 그에게 실망으로 남아있을지도 모른다. 엄마는 내가 결혼하고 한참 후에 그때 일을 꺼냈다. 참 좋은 기사 양반이라고만 하셨다. 기사님! 죄송합니다. 40년이 훌쩍 지난 지금 그때 일을 다시 떠올리니 어리석었다는 생각이 듭니다. 잘 살고 계시겠지요? 따뜻한 마음 영원히 지워지지 않을 것입니다. 젊은 날, 큰마음을 내주신 기사님의 덕으로 삶이나 사람에 대해 긍정적인 면을 먼저 보는 습관이 있습니다. 진심으로 감사드리며 복 많이 받으시길 바랍니다.

제5부

봄을 심는 여인들

봄을 심는 여인들

　📖 덕망이 높다고 소문 난 과장이 국장으로 승진해서 같은 부서에 근무하게 되었다. 직위만큼이나 축하 화분이 많이 들어왔다. 보낸 사람의 상호나 이름을 리본에 붙이면 주고받는 사람 모두가 돋보이는 일이다. 상사(上司)는 방안에 가득한 화분을 흐뭇하게 바라보며 꼼꼼한 사람이 챙기라고 하셨다. 정리하는 일은 쉽지 않았다. 꽃이 단 하루만 오는 게 아니라 수시로 배달되고 배달업체도 다르다. 화분 배달 왔다고 말하는 분이 있는가 하면 그냥 놓고 가는 경우가 있다. 언제 오나 계속 지켜볼 수 없어 수시로 살핀다. 업무보고 준비로 할 일이 많은데 꽃까지 관리하게 되어 마음이 바빴다. 다 체크했나 싶으면 새로운 화분을 놓고 간다. 난초와 호접란이 가장 많았다. 사무실이 그윽한 꽃향기로 가득해 졌다.

　화분이 들어온 지 일주일이 지나자 국장님이 이제 보낸 사람의 이름표를 떼라고 하셨다. 연두, 노랑, 분홍색 리본을 만지는 게 좋았다. 정리하면서 빠진 이름이 없나 다시 목록을 확인하며 인사드릴 분께 내보낼 화분을 분류했다. 새로운 리본에는 '열심히 하겠습니다. 잘하겠습니다.'로 붙이려고 주문했다. 밖으로 빠져나간 화분이 많아서 사무실에서 관리할 만큼만 남았다. 아쉽게도 시간이 지날수록 꽃바구니에 든 꽃이 하나둘씩 시들기 시작했다. 꺾인 꽃은 뿌리가 없어서 생명이 짧다. 향기롭게 왔다가 쉽게 버려진다면 얼마나 쓸쓸할까? 꽃은 누군가 쳐다보는 순간부터, 꺾이게 되더라도 얼마만큼 사랑받는다. 좋은 주인을 만나 잘 말리면 오래도록 귀한 존재가 되지만 처참하게 떠날 수도 있다.

국장님은 시들어 가는 꽃을 보고 있으니 마음이 안 좋다고 하셨다. 방법이 없을까? 사무실 뒤에 있는 산에 심기로 했다. 내 마음 편하려고 꽃의 생명을 유보하는 건데 혼자 나서기 뭣해서 직원한테 꽃 심으러 가자고 하니 의아해 했다. "꽃을 산에 심는다고요?" 꽃바구니를 들고 따라나섰다. 나뭇가지로 땅을 파고 꽃을 한 송이씩 심어 나갔다. "하여간 팀장님은 특이하세요." 직원이 깔깔 웃으며 재미있다고 했다.

한참을 심고 있는데 우리가 사무실로 돌아오지 않자 궁금했던 직원 한 명이 왔다. "세상에 이런 일이!" 사진을 찍으며 또 킥킥거린다. 산에 동그란 꽃밭이 만들어졌다. 그날, 게시판에 '꽃을 심는 여인들'이라는 제목으로 사진과 글이 올라왔다. 몇몇 직원이 신선한 충격을 받았다며 편지를 보냈다. "꽃이 진정으로 사랑받고 있는 것 같아서 제 마음이 다 따뜻해집니다." 사소한 일에 의미를 부여해 준 게 고마워서 호시노 토미히로의 「일일초」를 첨부해서 감사 답장을 보냈다.

> 오늘도 한 가지 슬픈 일이 있었다
> 오늘도 또 한 가지 기쁜 일이 있었다
> (중략)
>
> 그리고 이런 하나하나의 일들을
> 부드럽게 감싸주는
> 헤아릴 수 없이 많은
> 평범한 일이 있었다

꽃을 심은 이후 평범한 일상에 변화가 왔다. 짬을 내어 꽃이 잘 있는지 보러 간다. 꽃도 내가 오길 기다리며 반기는 듯했다. 누가 봐도 일부러 심었다는 걸 금방 알 수 있다. 지나가던 한 남성이 고개를 갸우뚱하며 꽃을 바라보고 있었다. 무슨 생각을 하며 보고 있을까? 내가 만약 꽃이라면 이 상황을 어떻게 받아들일까? 이게 무슨 일인가! 온실에서 큰 내가 왜 야생화가 되어 산에 있냐며 억울해 할까?

한편, 색깔이 짙은 꽃은 생전 처음 산에 와서 모험하니 좋아하고, 연두빛 꽃은 오래도록 머물며 새소리를 듣고 싶어하는 듯했다. 꽃이 적응을 잘해서인지 한 달이 넘도록 생명을 유지하고 있다. 어느새 가슴 한 모퉁이에 알록달록한 꽃밭이 들어와 있다.

봉산댁 딸로 해 주세요

고향을 떠난 지 열여섯 해 되던 때에 경로회관을 짓는다는 소식을 들었다. 반가운 일이라 보탬이 되고 싶었는데 후원금을 받는다고 했다. 부모님은 돌아가셨으나 그곳에 언니가 살아서 엄마 품이나 다름이 없는 곳이다. 어떤 방법으로 후원하면 좋을까? 처음에는 형제들이 돈을 모아 엄마의 택호인 '봉산댁 자녀들'로 후원하고 싶었다. 형부는 마을주민이라 따로 한다고 하니 남동생이 각자 하자고 했다. 마음먹었던 일을 접으려니 섭섭해서 혼자서 '봉산댁 딸'로 해 달라며 후원금을 냈다. 경로회관 기공식에 오라는 연락을 받았으나 못 갔다. 고향에 내려가면 볼일만 보고 올라오는 경우가 많아서 회관을 짓는 걸 보지 못하고 건물이 완성된 모습만 보았다. 내부가 궁금했지만 몇 년 동안 외관만 보았으니 좀 무심했다. 그러다가 회관에 어르신들이 자주 모인다고 해서 우리 자매들이 날을 잡아서 방문했다.

어르신들은 "이게 누구냐, 봉산댁 딸들 아니냐." 반기셨다. 예전에 많이 들었던 봉산댁이라는 말은 언제 들어도 좋다. 엄마 친구 분들을 뵈니 눈물이 났다.

 엄마는 의성김씨 집성촌에 살며 타 성인 아버지와 한 동네에서 결혼했다. 어렸을 때 마을 사람들 대부분에게 말을 놓는 엄마가 이상하게 보였다. 알고 보니 종씨 딸네라서 그랬다. 언니도 같은 동네에서 의성김씨인 형부와 결혼했다. 마을 어른들이 엄마 택호를 짓느라 고민하다가 봉산댁으로 했고, 언니는 현재의 동네를 줄여서 현동댁으로 지었다고 들었다. 봉산댁은 무엇과도 연관이 없지만 마음에 든다.

 경로회관에 노래방 기기가 있었다. 어르신들이 손을 잡으며 같이 놀자고 하셔서 엄마가 지켜본다고 생각하고 흥겹게 노래 부르고 신나게 춤췄다. 봉산댁이 살아있으면 참 좋아하겠다고 하셨다. 재롱잔치 같은 시간을 보내고 흡족한 마음으로 밖으로 나왔다. 회관으로 들어갈 때는 정면에 세워놓은 '경로회관 준공 기념비'만 눈에 들어왔다. 나올 때 보니 뒷면에 빽빽하게 쓴 글자가 보였다. 회관 지을 때 후원한 사람들 이름과 후원 금액이 있었다.

 아! 가슴이 두근거렸다. 후원금을 많이 낸 순서대로 이름이 있었는데 봉산댁 딸은 없었다. 중간쯤에 내 이름이 있었다. 타향에 살면서 후원한 사람은 몇 명 없었고 여자 이름은 혼자였다. 봉산댁 딸로 되어 있었으면 얼마나 좋았을까? 엄마 택호를 써서 후원하고 싶었던 이유는 자식들이 단합해서 고향에 좋은 일을 하면 기뻐하실 테고 엄마를 높여주고 싶어서였다.

형제들이 어렸을 때 서로 다투게 되면 엄마가 원인은 묻지도 않고 나만 혼냈다. 언니, 남동생, 여동생 속에서 내 존재는 작았고 모두에게 양보해야 하는 불리한 조건이었다. 어떨 때는 계모가 아닐까 하는 생각이 들곤 했다. 억울하고 속이 상할 때는 '나를 보호할 사람은 나밖에 없다'며 조금씩 자기애가 생겼다. 엄마를 높여주고 싶은 심정도 자기애의 일종일까?

중학교 1학년 때 학교에서 집에 오니 그날따라 엄마만 계셨다. 관심을 독차지할 수 있어서 좋았는데 "너 생일이라고 닭도리탕 했다". 생전 처음 먹어본 듯 맛이 좋았다. 그동안 서운했던 게 눈처럼 녹았다. 엄마가 흐뭇한 표정으로 바라보고 있었다. 엄마는 왜 안 먹느냐고 하니 "이가 아파서 못 먹는다"고 하셨다. 그 말을 믿었다. 지금도 상대의 말을 곧이곧대로만 듣고 더 권하지 않으면 서운하다고 하는 사람들이 있다.

몇 년이 지나서 엄마는 그때 너 많이 먹으라고 일부러 이가 아프다고 했단다. 이미 사랑을 확인한 상태였는데 그 속에 더 큰 사랑이 숨어 있었다. 앞으로 엄마를 위해서는 못할 일이 없다고 생각했다.

아무도 비석에 후원자 이름을 새겨놓았다고 말하지 않았다. 회관 안으로 들어가지 않았다면 영원히 몰랐을 뻔했다. 원하는 이름으로 해 주지 않아서 아쉽지만 왜 그랬느냐고 물어보지 않았다. 혹시 다음에 후원금 낼 일이 생기면 그때는 꼭 봉산댁 딸로 해 주세요.

산불예방 비상근무

📖 외출하기 좋은 봄날, 산불 예방 비상근무가 걸렸다. 주말에 출근하니 기분이 좋지 않았다. 문득 좋은 생각이 떠올랐다. 사무실에 대기하다가 상황이 발생하면 현장으로 달려갈 게 아니라 바로 산으로 가자고. 담당구역은 본 시가지가 보이는 언덕배기에 있는 산이다.

산 입구에 다다르니 봄의 향연이 펼쳐지고 있었다. 진달래, 개나리, 철쭉과 함께 연초록빛 색채들의 조화로움에 눈을 뗄 수가 없다. 이렇게 아름다운 풍경을 볼 수 있다고는 예상하지 못했는데! 아, 오늘은 여기에서 즐기는 거야. 길이 나 있는 곳은 다 걸어보자. 자연의 숨결을 느끼며 친하게 지내기로 마음먹으니 비상근무가 오롯이 즐기는 시간으로 바뀌었다.

사람을 처음 만나면 어디에 사느냐고 묻는 이들이 있다. 그럴 때면 동네 이름까지 말했다. "좋은데 사시네요, 부러워요." 듣다 보니 서서히 자만심이 쌓였다. 어느 곳에 사는 가도 중요하지만 어떻게 사느냐가 더 중요한데, 집 바로 옆에 있는 공원을 온전히 소유한 양 우쭐해지기도 했다. 다행히 사람들 대부분은 자기가 사는 곳이 좋다고들 한다. 오늘 와 있는 산 근처 동네도 우리 동네만큼 좋다. 이곳에서 그동안 잠재 되어있는 자만심의 껍데기가 조금은 벗겨질 거라는 생각이 든다.

교육 받을 때 '성격 테스트'를 했다. 몇 번을 해도 솔직하며 도전적이고 주도적인 성격이 강하게 나타났다. 맞아, 하면서 부인하지 않았다. 장점이라고 생각했다. 그러다가 나이가 들어가도 이런 성격이 좋을까 의문이 생겼다. 도전적인 면이 있다면 누군가는 말없이 맞추느라 힘들고 주눅 들 수 있다. 결단력과 남을 배려하는 마음이 병행되어야 좋은 인간관계를 유지할 수 있다.

산 중턱에 오르니 꼿꼿이 서있는 나무 사이에 구부러진 소나무가 보인다. 어쩌면 저렇게 운치가 있을까. 신나게 춤을 추다가 멈추면 저렇게 되는 걸까? 아니면 고통을 견디다 견디다가? 나무가 못마땅해 하며 자기의 모습 속에 무슨 사연이 숨어 있을까 알려고 하지 말고, 편안한 마음으로 봐 달라고 말하는 듯하다. 마주하고 있는 자연의 숨소리는 어느 곳에서나 신비롭게 느껴진다. 눈을 뜨고 살펴도 자세히 보지 않으면 스쳐 지나간다. 그들을 애정 어린 눈으로 지켜보는 것만으로도 아집을 깰 수 있는 시간이다. 분말로 빛나는 햇살이 그늘지고 구석진 곳까지 골고루 비추려고 애쓰는 모습이 눈앞에 있다. 짧은 소통. 처음에는 꽃과 나무들이 나를 꾸짖으려고 훑어보는 듯해서 흠칫했다. 지금은 조용히 눈을 감고 있다.

생명의 서(書)

📖 고등학교 국어선생님이 교과서에 없는 유치환의 시 「생명의 서」를 칠판에 쓰셨다. 내용에 비장한 각오가 들어있었다. 당장은 이해하지 못해도 소개한 이유가 있으리라. 제목과 어울리는 분홍색 종이를 꺼내서 베꼈다. 시를 다 쓴 선생님은 낭송했다. "하여 나란 나의 생명이란" 부분에서는 눈을 감고 힘을 주며 읊어서 가슴이 '쿵쿵' 했다. 무엇이 저토록 선생님을 절규하게 하는 걸까? 교단에서 내려온 선생님은 아무 일 없었다는 듯이 분단 별로 돌다가 내 자리에서 멈췄다. "이 자식, 이런 종이는 어디서 난 거야?" 필요할 때가 있을 것 같아서 중3 때부터 색깔별로 종이를 가지고 다녔다. 나중에 꼭 외우겠다며 종이 상자에 보관하고 있었다. 고등학교를 졸업하고 취업문제로 마음고생이 심했을 때 이 시가 생각이 나서 무조건 외웠다.

"나의 지식이 독한 회의를 구하지 못하고/ 내 또한 삶의 애증을 다 짐 지지 못하여/ 병든 나무처럼 생명에 부대낄 때/ 저 머나먼 아라비아의 사막으로 나는 가자"

　계시같이 들렸다. 지금의 환경을 헤쳐나갈 힘이 없으니 다른 곳에서 새롭게 도전하면 되겠구나! 도시로 가겠다니 부모님이 완강하게 말렸다. 무엇을 하며 살려고 집을 떠나려고 하느냐가 아니라 "취직한 지 얼마나 되었다고 그만두느냐, 취직시켜준 사람 체면은 뭐냐." 하셨다. 어떤 이유였는지 당초에 가기로 했던 자리에서의 보직이 바뀌어 하찮게 여겨지는 일을 맡았다. 처음 들어가면 그럴 수 있겠지만 더 있다가는 자존감에 흠이 생길 게 뻔했다. 누구의 체면보다 나를 챙기는 게 급선무였다. 밤새 부모님과 실랑이를 벌였다. 잴 것 없이 아침 일찍 간단히 짐을 챙겨서 집을 나섰다. D시에 홀로 지내는 친구에게 갈 요량이었다. 올바른 판단을 한다고 생각했는데 개운하지는 않았다. 그런데 기차 안에서 책을 읽다가 무릎을 치는 문장을 만났다. 상황을 합리화시키는데 적절한 문장이었다. "운명아, 비켜라, 용기있는 내가 간다." 앞일이 걱정되지 않았고 마음먹은 대로 밀고 나가면 뜻을 이루리라!

　연락도 없이 직장 다니며 어렵게 공부하고 있는 친구 자취방으로 갔다. 친구는 큰 가방을 가지고 온 걸 보고 웬일이냐며 황당해 했다. 그간 있었던 이야기를 듣고는 마음을 알겠다며 이해해 주었다. 좁은 단칸방에서 함께 있으니 여러가지로 불편한 게 많았다. 특히 먹는 게 그랬다. 친구는 거의 밥을 해 먹지 않고 다녔는데 난 한 끼만 굶으면 죽는 줄 알며 살았으니 눈치가 보였다. 먹고 살려면 어디든 다녀야 했다. 친구의 소개로 회사에 다니다가 나중에는 한국공무원 학원에 다니며 생각보다 빨리 원하던 취업시험에 합격했다. 용기 있게 행동하길 잘했다. 친구가 없었다면 엄두를 내기가 어려웠고 무엇보다도 「생명의 서」가 힘이 되었다.

 이 시는 평생 우려먹어도 물리지 않는다. 몸으로 체득해서 인지 필요한 구절이 때에 맞게 불쑥불쑥 튀어나오면 위로가 된다. 줌(ZOOM)에서 독서 토론하면서 갑자기 나의 애송시가 뭔지 알고 싶다는 사람이 있었다. 낭송하면 눈물이 나오는 시가 있다고 하니 지금 바로 듣고 싶다고 했다. 제목을 가르쳐 주었으나 육성으로 해달라고 부탁했다. 휴! 애창곡처럼 술술 나왔다. 평소 자랑 잘하는 내가 아팠던 청춘을 말하면 호기심이 일기 마련인 모양이다. 유치환 시인이 많은 작품을 남겼으나 독자마다 시를 만날 당시 자신의 상황에 따라서 와닿는 게 다를 게다. 작가가 「생명의 서」를 어떤 마음으로 썼는지는 중요하지 않다. 작품 속에 나오는 '나의 지식, 회의, 삶, 애증, 짐, 병든 나무, 생명, 영겁, 허적, 방황, 고민, 고독, 본연의 자태'는 생각을 확장할 수 있어서 좋다. 내가 알고 있는 시 중에 이렇게 많은 뜻을 내포한 경우는 드물다.

생 일

📖 내가 초등학생 때는 주변에서 생일을 모르고 지내는 친구들이 많았다. 주로 어른들께만 생일상을 차려드렸다. 그 당시 친정아버지는 가족들의 생일을 챙기셨다. 먹고 사는 게 힘들었던 엄마는 생일을 잊고 지내는 날이 부지기수였는데 아버지가 고등어 한 손을 사오는 다음 날이 엄마 생일이었다고 한다. 아버지는 자식들 생일이 다가올 즈음이면 언제인지 알려주셨다. 사람을 챙기는 것은 사랑의 표현이며 자식들이 자신의 존재를 귀하게 여기라고 그랬으리라.

할머니와 아버지 생신 때는 작은아버지 가족들이 오셨다. 진수성찬이 아니어도 함께 하는 시간에 의미를 둔 것 같다.

결혼해서 시어른들과 함께 살았다. 나의 첫 생일이 다가오자 마음이 불편했다. 혹시 시어른들이 잊거나 대수롭지 않게 여기면 어쩌나 해서다. 그렇다고 내 생일이 언제라고 말씀드리는 건 예의가 아닌 것 같았다. 남편이 알고 있으니까 가만히 있으면 되지. 엎드려 절 받기 식이면 안 될 일이다. 마음을 고쳐먹었다. 챙겨주기를 기다릴 게 아니라 자축하면 된다. 만일 생일 전날까지 어르신들이 모르시는 것 같으면 당일 아침에 평소보다 상을 더 잘 차릴 생각이었다. 기우였다. 생일을 며칠 앞두고 시어른들이 약속이라도 하신 듯이 "너 생일이 다가오네." 말씀하셨다. 첫 생일을 흡족하게 보냈다. 앞으로는 가족들이 내 생일을 잊어버리더라도 섭섭하지 않을 것 같았다. 옭매였던 집착에서 벗어났다.

친정 부모님이 궁금해 하실 것 같아 전화 드렸다. 아버지는 그럴 줄 알았다고 하셨고 엄마는 딸이 사랑받고 있다고 믿는 듯했다. 결혼하고 얼마 되지 않았을 때 누군가가 조금만 서운하게 대했더라면 눈물이 쏟아졌을지 모른다. 반대로 사람들이 조금만 호의를 보이면 더 크게 감동했다. 결혼 전에는 좋아하는 사람과 같이 있고 싶어서 시집살이라는 걸 깊이 생각하지 않았다. 시간이 조금 지나고 보니 시댁과 친정? 생각이 꼬리를 물었다. 우리는 하늘에서 뚝 떨어져서 세상에 나온 게 아니다. 생일 때 챙김을 받으려는 마음 못지 않게 부모님 생각이 났다. 어느 해인가 내 생일 때, 부모님께 감사편지와 선물을 보내 드린 적이 있다. 양가 어른들이 모두 돌아가시고는 생일에 큰 의미를 두지 않는다. 시댁, 친정 형제들이 서로의 생일을 챙기지만 그렇지 않아도 괜찮을 듯하다. 생일이 아니어도 먹고 싶은 것 먹으며 재미나는 이벤트를 만들면 된다.

　그동안 1년에 두 번이나 생일을 챙기기도 했다. 집에서는 실제 생일로, 직장에서는 주민등록상 생일로 했다. 이제는 SNS상에서 생일 축하 커피쿠폰이 오고 문자도 받는다. 이른 아침에 미역국 냄새가 진동하는 날은 내 생일이다. 남편이 앞치마를 두르고 부엌에 서있고 싱크대 위에 빽빽하게 쓴 요리법 메모지가 보이면 미소가 나온다.

서울 구경

　📖 친구들은 생전 처음 서울에 온 듯이 깔깔거리며 카메라 앞에서 포즈를 취했다. 인증샷을 하지 않으면 다녀온 곳이 무효가 될까 한장이라도 더 찍으려고 야단이다. 지금이 가장 이쁘고 젊을 때라고. 부산 사는 친구 둘이 2박 3일로 서울 구경을 하고 싶다며 안내해 줄 수 있느냐고 물었다. 여행 이유는 서울 곳곳을 조금이라도 알고 싶어서란다. 가고 싶은 곳은 궁궐 다섯 군데, 북촌마을, 인사동, 홍대 젊음의 거리, 청계천이다. 궁궐 한 곳만 빼고 다녀온 곳이라 동선을 조절하면 가능했다. 자녀들 집에 있으면서 나와 만나서 여행하겠다고 해서 우리집에 묵으라니 좋아했다. 남편과 아들은 친구들이 편하게 지내도록 자리를 비워주었다.

　벚꽃이 피기 시작할 무렵, 친구들이 우리집에 왔다. 겨우 3일 집을 비우고 왔는데 해외에 온 듯이 큰 가방을 끌고. 가방 속에 옷과 김치, 쑥, 생강차, 선물 등이 들어있었다. 김치와 쑥을 보니 허물없는 친구구나, 정감이 갔다. 점심을 먹자마자 서울투어를 시작했다. 한옥마을, 인사동을 거쳐 청계천, 덕수궁. 걸어 다니니 볼거리가 더 눈에 띄었다. 친구들은 광화문, 종로1가 간판 앞에서도 사진을 찍었다. 반짝이는 불빛과 조명을 보며 환호성이 터져나왔다.

우리나라 2대 도시 부산광역시에서 왔는데 촌티를 낸다고 하니 서울이 아니면 모두 촌이라고. 몇 차례 서울에 왔으나 밤거리를 활보한 적은 없어서 더 신이 난다고. 시골에서 산 사람들은 서울이 선망의 대상일까? 나 역시 그랬으니까. 한 친구는 조리사고 다른 친구는 글 쓰면서 강사를 하고 있다. 그동안 잠잠히 있다가 내가 은퇴를 하니 시간적 여유가 있을 것 같아서 온 게다.

둘째 날은 궁궐 네 군데. 마지막 날은 원했던 곳 모두 다녔다. 보너스로 운현궁, 명동 성당, 조계사, 경의선 숲길에도 갔으니 목표 달성 초과다. 어딜 가든 우리는 오래도록 보지는 않았다. 궁금했던 곳을 눈으로 보는 것만으로 만족했다. 지칠 줄 모르는 호기심은 걸음 수가 말해 주었다. 아침 먹고 집을 나서서 밤 9시 전후에 귀가했다. 매일 2, 3만 보를 걸었다. 기억에 남는 장소는 '홍대 젊음의 거리'다. 거리 곳곳에 사주, 타로 간판이 즐비했다. 학교 근처 젊은이들을 대상으로 하는 가게. 어떤 사람은 재미로도 보겠지만 진로, 커플 궁합 등 앞날이 궁금해서 보는 경우가 많으리라. 점집이 이렇게 많은데 장사가 잘될까? 의지가 약하고 마음이 자주 흔들려서 위로의 말을 듣고 안심하는 사람들이 있겠지?

가게들이 한산했다. 주인이 무료할 거라며 한 친구가 들어가 보자고 해서 깔끔해 보이는 곳을 찾았다. 젊은 여성은 밖에서 기웃거리던 아줌마 셋이 들어서자 점을 보지 않을 거라는 예감이 들었는지 건성으로 대했다. 이상한 눈빛으로 쳐다보며 "무슨 일로 왔는지 한 가지만 물어보는데 3만 원"이라고 했다. 한 대 얻어맞은 기분이랄까? 점 볼 마음없이 집적거렸으므로 민망해서 그냥 나왔다.

친구는 '홍대 젊음의 거리'가 배움의 분위기보다 점집과 술집이 많아서 실망이라고 했다. 앞길이 창창한 학생들이 불투명한 현실 속에 불안을 느끼는 심리를 알기에 이런 곳이 생긴 것 같다. 사진을 제일 적게 찍은 곳도 여기다. 진면목을 보려면 밤이 되어야 하는데 발길을 돌렸다. 어쨌든 성공적으로 숙제를 했다.

3일간 찍은 사진이 300장이 넘는다. 핸드폰 사진을 손으로 확대해 들여다보며 자기 얼굴 먼저 확인하고 여기가 어디라고 말한다. 주름이 보여서 사진 찍기 싫어하는 사람이 많은데 우리는 다양한 모습으로 찍었다. 자기 얼굴이 미워보인다고 말하는 사람이 없었다. 서울 구경 제대로 했다며 깔깔 웃으면서 헤어졌다. 서울특별시민이 되고부터 주말이면 명승지나 골목 구석구석을 찾아다녔다. 볼거리와 사람이 많아서 더 좋은 서울 구경, 지금도 진행 중이다.

우리 읍내

📖 공연장에 관객들이 꽉 찼다. 『우리 읍내』는 미국 극작가 손턴 와일더가 1938년에 쓴 작품이다. 연극 1막에서 마을의 인구(2,542명), 학교, 가게, 공동묘지, 사람들 등을 소개했다. 2막에서는 같은 마을에서 사는 에밀리와 조오지가 결혼하여 행복하게 살아간다. 3막은 아이를 낳다가 요절한 에밀리가 마을 공동묘지에 있다. 그러다가 무대 위에 나온 감독의 허락으로 하루 동안 이승에 가서 생활하게 된다. 그녀는 몹시 들뜬다. 살아있었던 날 중 어떤 날로 돌아갈까 고민하다가 열두 번째 생일날을 택한다. 집으로 온 그녀는 가족의 일상을 관찰한다. 가족에게 사랑을 많이 주었던 엄마의 바쁜 모습을 보면서 사는 동안 소소한 일상의 소중함과 고마움을 느끼지 못했던 걸 안타까워하며 다시 공동묘지로 돌아온다. 반전이다.

후배가 예매해 둔 거라며 같이 관람하자고 했을 때 연극 제목이 마음에 들었다. 읍내, 마을, 동네라는 말을 들으면 고향과 엄마가 생각난다.

　오래전, 취업시험 결과를 확인하려고 엄마하고 읍내에 갔다. 엄마는 시험에 떨어지면 죽는다고 한 내 말이 걱정되어서 따라왔다고 하면서 "죽게 되더라도 맛있는 것 먹고 떠나라"며 '황금분식'에 데리고 갔다. 가끔 깜짝 놀랄 만한 말씀을 하는 엄마와 처음으로 단둘이 마주 앉아서 군만두를 먹었다. 앞날이 어떻게 될지 막막한 상황에서도 꿀맛이었다. 입속에 사랑의 맛이 남아 있을 때 합격 소식을 들었다. 그날, 세상을 다 얻은 듯했다. 앞으로 어떤 어려움이 닥치더라도 잘 견딜 수 있을 거라는 예감이 마음을 감쌌다. 읍내를 둘러보고 집으로 향하는 천방길에서 엄마 손을 꼭 잡고 걸었다. 나도 모르게 애향심이 생겼다.

　얼마 지나서 예천읍사무소에서 주민등록업무를 맡았다. 그때 읍인구가 25,000여 명이었다. 예나 지금이나 지역에 사람이 많으면 사람 사는 곳 같고 뭔가 활기차 보인다. 매월 상급기관에 인구 동향을 보고할 때 인구가 늘어나면 기분이 좋았다. 고향에 살다가 잠깐 타향에 나갔다가 오는 분도 그랬지만 처음으로 우리 읍내로 이사 온 분들이 더 반가웠다. 혹시 전입신고가 늦으면 과태료를 물까 봐 미리 안내하려고 주민등록카드가 들어있는 행정우편물이 오면 얼른 뜯었다. 어느 동네 몇 번지로 오는지 확인한 뒤 이장한테 그 집을 방문해서 전입신고를 하도록 부탁했다. 우리 읍내에 살려고 전입 신고하러 오는 분께 내 이름으로 작성한 환영의 글을 드렸다. 대부분 고마워했다. 이제는 전국적으로 지방 인구가 줄고 있어 예전처럼 길거리에 사람들이 많지 않다. 안타깝게도 2025년 6월 말 기준, 예천군 예천읍 인구는 13,561명이다. 가끔 고향에 가면 일부러 읍 구석구석을 걸을 때가 있다. 예전의 건물들이 많이 없어졌고 몸담았던 직장 1층에는 카페가 들어섰다. 내가 앉았던 위치에서 형제들과 차를 마시면 행복하다.

연극의 핵심은 우리 읍내라는 공간적 배경에서 삶과 죽음을 담담하게 받아들이는 모습이다. 가족, 마을 사람들이 조용히 각자 맡은 일을 성실히 하며 사는 게 좋았다.

모두 평범해 보이지만 서로에게 특별한 존재가 되어있다. 살아가는데 명예나 권력도 중요하나 한편으로 많은 것이 필요하지 않다는 생각이 들었다. 그럼에도 끊임없이 눈물이 흘러내리는 건 슬퍼서가 아니라 여러 갈래로 그려지는 지난날의 기억이 교차해서다. 내가 만약 죽어서 에밀리처럼 이승에서 하루를 보낼 수 있다면 어느 날을 택할까? 소중한 날을 몇 가지 꼽을 수 있지만 아마도 취업시험 합격 소식을 들었던 날로 돌아갈 것 같다. 다시 한번 환하게 웃는 엄마 손을 꼭 잡고 읍내 천방길을 걷고 싶다. 무대가 막을 내리고 사람들이 떠나도 쉽게 일어설 수가 없다.

윷놀이

📖 살면서 윷놀이처럼 예측할 수 없는 상황을 맞이하게 되면 어떨까? 상대편을 이기고 있다가 윷가락을 잘못 던져서 왔던 길로 한 칸 물러야 하는 '빽도'를 만나면 어떨까? 허탈해서 더 신중하게 살아갈까, 억울하다며 신세타령을 할까?

'퐁당'은 어떤가? 죽자고 달려왔는데 달려온 만큼 무효가 된다면 허망하고 "공든 탑이 무너졌다"며 가슴을 치겠지? 현명한 사람은 잘못 들어선 길이라고 여기며 새로 시작하면 된다고 할 것이다. 그나마 다행인 게 '임신'이다. 즉, 덤을 받는 인생이다. 윷놀이 규칙에서 어떻게 '무리수'를 세 가지로 만들었는지 지혜롭다. 인생 전반을 놓고 볼 때도 완전한 만족은 어렵다. 즐기려고 한 윷놀이처럼 상황을 지켜보며 심각하게 받아들이지 않는 게 방법이겠지?

아버님 제사를 지낸 뒤 윷놀이를 했다. 시아주버님, 형님들과 함께 동성끼리 편이 되어 '오판 삼승'으로. 여섯 명이 돌아가면서 윷가락 네 개를 던져서 먼저 놓을 사람을 정하니 작은형님이 첫 번째였다. 여자들은 기선제압하려고 처음부터 소리를 질렀지만 소용없었다. 첫판은 남자들이 이겼다. 그렇다고 기가 죽을 우리가 아니었다. 두 번째 판에서는 더 크게 소리를 질렀으나 또 졌다.

윷말을 쓰는데 마음이 맞지 않으면 함정을 피해도 지고 만다. 더구나 '빽또[1], 퐁당[2], 임신[3]'이 있어서 판이 어떻게 흘러갈지 예측하기 어렵다. 두 판을 내리 지고 나자 우리는 분발했다. 상대편 윷말이 가지 못하도록 잡자고 의견을 모았다. 윷가락을 던질 때마다 '도개걸윷모' 중 원하는 게 나와 달라고 기도 아닌 기도를 했다. 윷놀이에 집중하면 잠시도 자리를 뜨거나 다른 생각을 하지 않는다. 오로지 이겨야겠다는 생각뿐이다. 그러다가 구차한 생각이 들어서인지 큰형님이 "과감하게 투기해 보자"고 했다. 그 뒤로는 우리가 먼저 나는 쪽으로 윷말을 썼다. 잡힐 위험이 없도록 돌아서 가자고. 그렇다고 상대편이 가만히 있는 게 아니다. 어느새 우리 윷말을 쫓아 주변까지 왔다. 잡히기 아슬아슬한 상황이 여러 번 찾아왔는데 이번에 잘못 놓으면 3대 0으로 진다. 지더라도 한판은 이기고 져야지 기분이 덜 상한다. 조마조마한데 상대편에서 마지막 윷가락을 던졌다. 업고 있는 두 동이 나면 우리가 진다. 아, 원하던 '퐁당'이 나왔다. 좌중은 안타까움과 환호성이 터져 나왔다. 두 동이 원점으로 돌아갔으니 우리가 이길 확률이 높아졌다. 경기에서는 '인정사정'이 없다. 힘을 얻어 더 큰소리를 내며 윷가락을 던졌다. 가속도가 붙었고 기운이 우리 쪽으로 온 듯 부르는 대로 윷가락이 나왔다. 우리가 내리 3판을 이겼다. 역전이었다. 가족끼리 하는데도 조용하게 놀지 않고 상대편에서 기가 꺾이는 걸 봐야 기분이 좋다니.

고향에서 정월대보름이면 남녀 어르신들이 마당에 큰 멍석을 깔아놓고 윷놀이를 했다. 그때는 복병인 '빽또, 퐁당, 임신' 없는 윷가락이었다. 그런데도 윷말을 쓰면서 싸웠다. "이쪽으로 놓아야지, 저 길로 가야지." 같은 편끼리도 윷말 쓰는 게 맞지 않으면 판을 엎을 때도 있었다. 사람이 죽고 사는 일도 아닌데 왜 저럴까 싶었다. 그러면서도 계속 노는 걸 보고 이해되지 않았다. 흥이 많고 기가 센 사람은 윷가락을 던지며 "모야, 모야. 윷이야." 던진 윷가락을 따라 달려가며 손뼉을 쳤다. 거짓말처럼 윷가락이 뒤집혀서 원하는 대로 나오는 걸 보았다. 그때가 떠올라 손에 힘을 주고 던져서 이겼을까?

아이스크림 사먹기 내기는 안성맞춤이었다. 입안에 단맛이 돌아서인지 격했던 감정이 사그라진다. 웃음과 박수로 마무리를 한다.

---

1) 빽또 : 윷가락 한 개를 까맣게 칠해 놓음(던져서 이게 나오면 왔던 길로 한 칸 물러남)
2) 퐁당 : 퐁당이라고 표시해 놓은 곳에 윷말을 놓아야 할 경우 빠져버림(가던 윷말 못씀)
3) 임신 : 윷말 판에 놓인 개수 만큼 윷말을 더 얹어줌

제6부

저 눈부신 햇살 속에

가을 운동회 – 저 눈부신 햇살 속에

 집앞 초등학교에서 가을 운동회가 열리는 날이다. 곧 릴레이를 한다는 안내 방송이 들린다. 벼르고 있었던지라 운동장으로 갔다. 구경 온 사람들은 없고 아이들만 모여앉아 있다. 선수들은 출발 신호를 놓칠세라 몸을 낮추고 발을 구르고 있다. 땅! 선수들이 운동장을 돌았다. 청군 이겨라, 백군 이겨라. 아이들이 함성을 지른다. 왁자지껄하는 시간도 잠깐, 운동회 흉내만 내고는 경기가 끝났다. 운동장에 모여앉아서 무엇을 먹는 사람은 없다. 아들이 다닐 때도 그랬는데 똑같다. 모두 자리를 떠나고 텅 빈 운동장.

내가 초등학생이었을 때, 운동회 날이면 학부모는 물론 구경 오는 사람들이 많았다. 어머니는 농사철이라 바쁘기도 했지만 늘 "어머님이 구경하셔야지요." 할머니만 오셨다. 엄마가 오면 좋지만 아무 말도 하지 않았다. 언젠가 할머니가 "애미야, 내일 운동회에 다녀 온나."하셨다. 막내동생 운동회 때 간 기억은 난다.

동생이 다니는 학교에 가니 엄마가 있었다. 운동장 둘레에는 만국기가 펄럭이고 호루라기 소리가 끊이지 않았다. 선수는 물론 응원하는 학부모도 승부욕이 대단했다. 어린아이들이 모래주머니를 어깨에 메고 달리면 넘어질까 걱정하다가 끝나는 지점까지 뛰면 박수가 쏟아졌다. 우승해서 상품으로 노트라도 받으면 가족들이 좋아했다. 동생도 잘 뛰어서 노트를 받았다.

등수를 예측하기 어려운 경기도 있었다. '손님 찾기'인데 여럿이 운동장을 뛰다가 중간쯤에 깔아놓은 종이를 발견하면 주웠다. 두근거리는 마음으로 그걸 펼치면 선생님 이름이나 지역 유지의 이름이 적혀있다. 아이가 큰소리로 찾는 사람 이름을 부르면 금방 나타나서 손을 잡고 뛴다. 아무리 소리 질러도 찾는 사람이 나타나지 않으면 구경하는 사람들까지도 애가 탔다. 끝내 만나지 못하면 주저앉아 우는 아이도 있었다. 생각지도 못하게 꼴찌가 되니 요즈음 같으면 항의를 받을 만한 경기였다. 몇 년 전부터 어떤 학교에서는 학부모들이 학교 안으로 들어오지 못하게 한다. 집으로 오려다가 의자에 앉아서 텅 빈 운동장을 바라보고 있으니 오래전 그 아이가 생각난다. 지금쯤 50대 초반이 되었겠지?

그 당시 직장일로 법원에 갈 일이 있었다. 담당자와 약속된 시간보다 일찍 도착해서 주변을 도는데 운동회가 열리는 초등학교가 있었다. 운동장에 아이들이 많았고 경기가 끝나가고 있었다.

점심시간이 되자 아이들은 부모님이 있는 곳을 찾아 앉았다. 그중 멀리 구석진 자리에 아버지로 보이는 사람과 둘만 있는 아이가 보였다. 궁금해서 가까이 가보니 아버지가 동그란 찬합 뚜껑을 열고 있었다. 꽁보리밥에 반찬은 한가지였다. 반찬을 식별하기는 어려웠고, 아이가 말없이 밥을 먹고 있다. 그는 아이에게 뭐라고 말을 했고 경기에서 이겼는지 대견해 하는 듯이 보였다. 밥을 다 먹고 나면 고구마나 땅콩을 주겠지? 아무것도 없었다. 아이가 밥만 좋아하나? 둘이서만 사는 걸까? 별의별 생각이 다 들었다. 무엇을 먹든 불만없이 잘 먹으면 되는 거야. 짠한 풍경이 아니라 진한 사랑일 수 있어. 눈에 보이는 모습이 전부가 아닐 수 있는데 왜 동정심이 발동할까?

서정주 시인의 「무등을 보며」가 떠올랐다. "가난이야 한낱 남루에 지나지 않는다. (중략) 우리는 우리 새끼들을 기를 수밖에 없다."

그 아이 엄마가 돌아가셨을까? 아픈 걸까? 그들을 보고 있는데 왜 그리 엄마 생각이 나던지! 우리 엄마도 운동회에 가고 싶었을 텐데. 그때는 나도 이 아이처럼 외로움이나 슬픔이 무엇인지를 느낀 기억이 없다. 환경에 따라 자식을 키우는 방법이 다르겠으나 사랑하는 마음은 우열이 없을 것이다. 아이의 아버지는 어떤 심정으로 따스함을 전하고 있을까? 많이 안아주겠지? 마주 보며 눈 맞추고 함께 있는 것으로도 서로에게 힘이 될 거야.

그 사이에 밥을 다 먹은 아이가 운동장을 향하여 깡충깡충 뛰며 가고 있어서 불렀다. 돌아보기에 손짓하니 순순히 다가왔다. "이것 먹을래?" 사과와 요구르트를 사서 주니 받고는 인사도 없이 뛰어갔다. 염치가 없으면 안 되는데…. 무표정했던 아이의 얼굴이 가물거린다.

이런 꿈은 그만

📖 꿈속에서 시험을 치고 있었다. 사지선다였는데 내용이 길어서 답을 찾기가 어려웠다. 읽어도 읽어도 무슨 뜻인지 몰라서 절반도 못 쓰고 헤맸다. 선생님이 곧 시험이 끝나니 빨리 정리하라고 해서 입에 침이 마르고 애가 탔다. 다른 학우들은 시험지를 제출하고 나가서 혼자 남아있었다. 갈수록 눈앞이 캄캄했다. "아직도 멀었냐?" 선생님 목소리를 들으며 어쩌지, 어쩌지 하는데 '땡' 종소리에 놀라 눈을 떴다.

원인이 있어서일까? 고2 때 중간고사 수학시험에서 1번부터 잘 풀다가 등차수열 문제에서 막혔다. 갑자기 공식이 생각나지 않아서 멍했다. 교과서에 있는 연습문제가 그대로 나와서 답이 108이라는 걸 알고 있었다. 푸는 과정을 써야 하기에 아무것도 쓰지 않았다. 나머지 문제도 비슷한 유형으로 출제해서 화가 났다. 시험 결과가 나오면 순순히 실력으로 인정 못 할 것 같아서 짜증이 났다. 수학시험을 망쳤으니 이참에 꼴찌를 하면 어떨까.

오기가 생겼다. 남아있는 두 과목은 미술, 교련이었다.

생각은 잠깐, 실천은 빨랐다. 두 과목 모두 문제를 읽어보지 않고 시험지에 이름만 써서 냈다. 후련했다. 내 성적 내가 책임지면 되니 주눅 들 필요가 없고 죄책감이 들지 않았다.

집에서는 성적에 관심이 없으니 혼자서 감당하면 될 일이었다. 그러나 금방 탄로가 났다. 다음날 아침에 교무실로 불려갔다. 그 사이 소문이 나서 교무실로 들어서자 나를 본 선생님들이 수군거렸다. 다행인지 불행인지 담당 선생님은 실기가 있는 과목이어서 일정 점수를 주겠다고 하며 나무라지 않았다. 다만 담임 선생님은 날카로운 눈빛으로 "다른 과목도 또 백지 낼 거야?" 물었다. 평소 시험성적에 연연하지 않았으나 시험 공포증은 있었다. 공부한 만큼 제대로 써내면 성적과 관계없이 만족했다. 누가 물어보면 잘 쳤다고 말했다. 공부를 열심히 하지 않아서 못 치는 건 당연하게 여겼고 운 좋게 잘 짚어서 맞으려는 마음은 공짜 심리로 생각했으니까. 수학은 나름 공부를 했으니 억울했던 것이다.

알고 보면 공식 원리를 제대로 알았으면 그럴 리 없었을 테니, 결국 실력이 없어서 못친 것인데 객기를 부린 게다. 무슨 배짱으로? 소문이 퍼져서 다른 반 학우들까지 알게 되어 그들이 한 말들이 귀에 들어왔다. "걔 얌전한 줄 알았는데 대단하다.", "장래가 촉망된다.", "용감해서 부럽다…." 잠깐 영웅이 된 기분이 들었다.

성적표는 어이없이 잘 나왔다. 꼴찌는 무슨? 백지로 낸 시험은

각각 50점을 줘서 반에서 상위권이었다. 누구도 이의를 제기하지 않았고 나만 못마땅하게 여겼다. 이거야말로 진짜 성적이 아니구나! 믿을 수 없는 성적표를 가지고 있는 게 말이 되지 않아서 집 아궁이에 태웠다. 졸업 후 생활기록부를 보니 "학교생활에 불만이 많다"고 기록되어 있었다. 반에서 부실장을 맡았으니 더욱더 얄미웠으리라. 선생님 판단에 원망이 없다. 백지를 내고는 담담하고 통쾌했다. 지금 생각해도 마찬가지다. 안 그랬으면 병이 났겠지?

프로이드의 『꿈의 해석』에서 아르테미도로스[1]는 "꿈은 내용뿐 아니라 꿈꾸는 사람의 인품이나 생활 환경까지도 고려해서 해독해야 한다"고 했다. 아직도 이런 꿈을 꾸고 있으니 어떻게 해독해야 할까? 그 일이 백지를 낼 만큼 심각했을까? 지금이라도 의식보다 무의식이 강해서 일을 저질러놓고 태연한 척했다고 하면 될까? 만약 트라우마로 남았다면 치료가 필요할지도 모른다. 시험을 우습게 보고 학교와 학생들을 혼란하게 한 벌을 주고 싶은데 현실에서는 불가능하므로 꿈을 통해서 대가를 치르도록 하는 걸까? 그때는 잘했다고 생각했는데 돌이켜보니 이성보다 감정이 앞섰다.

언제부턴가 좋은 꿈을 꾸려고 잠자기 직전에 하모니카를 연주한다. 정겨운 가사의 동요나 가곡으로. 앞으로는 시험 칠 일이 없으니 더는 이런 꿈은 꾸지 않기를.

---

1) 아르테미도로스는 2세기 소아시아 리디아(Lydia)의 작은 마을인 달디스 출신으로, 〈해몽서〉를 썼다고 한다.

'이젤'도 사놓았는데

📖 중학생 때 미술 실기 시간이었다. 그림을 잘 못그려서 긴장했다. 선생님이 교탁 위에 의자를 올려놓고 각자 앉아있는 곳에서 그려보라고 했다. 조금은 자신이 있어서 바로 그려나갔다. 거의 완성해 갈 무렵에 짝이 "너 그림이 왜 이래?" 짝 그림을 살펴보니 내 것과 완전히 달랐다. "이게 잘못 그린 거야?" "응. 우리는 정면에서 그렸기에 나처럼 그리는 게 맞아. 정물화인데 상상하며 그렸구나." 그림을 잘 그리는 친구여서 얼굴이 화끈거렸다. 곁눈질이라도 할 것이지 왜 그리 빨리 그렸는지 자신이 안쓰러웠다. 뒤를 돌아보니 짝과 비슷하게 그렸다. 평소 입체와 도형을 제대로 이해하지 못하고 있었다.

그림에 트라우마가 생겼다. 그림 잘 그리는 사람이 선망의 대상이었다. 마음에 남아있는 일이라서 그 후 30여 년이 지나서 화실에 다녔다. 풍경화를 설명하는데 알아듣지 못해서 답답했다. 자신감이 없으니 막막하고 그림 실력은 늘 제자리걸음. 직장일

제대로 하면 되지 언감생심. 그만두었다. 꿩 대신 닭이라고 한동안 그림 전시회를 다녔다. 인터넷으로 유명 화가의 작품을 들여다보며 지냈다.

그러다가 미련이 있어서 다시 그림을 배웠다. 집에서 미술전공 대학원생에게 개인지도 받으면 그릴 수 있으리라 믿었다. 속마음을 터놓으면 기초부터 가르쳐 주겠지? 그림에 문외한이라고 하니 선긋기, 빛의 각도, 음영이 중요하다고. 따라 그리는데도 줄긋기가 어려웠다. 주 1회 꼬박꼬박 수업을 받았다. 이론과 달리 갈수록 어려워지는 실습. 반 이상은 선생님이 거들어주며 스케치하고 물감도 칠했다. 수업이 끝나면 억지 춘향 같아서 개운하지 않았다.

몇 달을 가르쳐도 진척이 없다고 판단했는지 선생님은 그림을 배워야 할 이유가 있는지 물었다. 목표는 중앙공원의 사계(四季)를 그려서 거실에 걸어두고 싶다고. 실력도 없으면서 야무진 꿈을 말하자 도와주겠다고 하셨다. 날씨 좋은 날 나가자며 이젤을 사라고 하셨다. 과연 사람들이 모이는 공원에서 그릴 수 있을까? 일단 샀다. 선생님은 내 소망을 빨리 해결해 주고 싶었는지 밖으로 나가자고 했다.

용기가 나지 않아서 차일피일하니 못마땅한 표정을 지었다. 얼마 후 가족들이 지방으로 이사를 가 2주 후부터 수업을 못 할 거라고 했다. 그렇다고 다음 주에 공원에 가서 그림을 그리겠다고 말하지 못했다. 다른 쪽으로는 용기가 있는 편인데 그림 그리기는 두려웠다. 가만히 생각해보니 선생님의 열정만큼 내가 따라오지 못하니까 기운이 빠져서 이사 핑계를 댄 것 같다. 차라리 목표를 말하지 않고 인내심을 가지고 묵묵히 했으면 어땠을까.

공원에 가면 가끔 그림 그리는 사람을 볼 수 있다. 꿈꿨던 모습이라 스쳐 지나갈 수 없어서 멈추게 된다. 40대로 보이는 여성이 화폭에 몰두하고 있어 인기척도 모르고 있었다. 소나무에 물감을 찍는 모습이 얼마나 멋있고 아름다워 보이던지. 곧게 뻗은 가지와 구부러진 가지의 조화로움, 어떨 땐 색채만 봐도 영혼이 맑아진다. 그래, 저 정도는 되어야 이젤을 놓고 그릴 수 있는 거야.

그림공부를 그만두고도 미련이 남아서 두 번이나 더 공부하러 다녔다. 역시 어려웠다. 옆 사람의 스케치나 붓을 다루는 모습을 보면 주눅 들고 내 실력이 금방 탄로 난다. 전혀 재능이 없는 분야에 계속 매달리는 건 어리석은 일이고 허영심이다. 이제라도 정신 차려야지. 미련은 사람을 추하게 만들기도 한다. 조금이라도 잘하는 분야에 시간을 투자하자.

읽을거리

 고등학교를 졸업할 때까지 우리집에는 교과서 말고는 책이 몇 권 없었다. 그때 넓은 집에서 슬리퍼 신고 책이 가득 꽂힌 서재를 왔다갔다 하며 읽고 싶은 책을 고르고 있는 모습을 상상했다. 하교 후에 허전하고 갈증이 나는 날에는 신용협동조합이나 금융기관에 들러 책을 읽곤 했다.

중학생 때 'go for a walk(산보하다, 산책하다).' 숙어를 배우면서 '산보'가 산뜻하게 와닿았다. 마침 고1 때 신용협동조합에서 장자크 루소의 『고독한 산보자의 꿈』을 만났다. 산보가 '고독'이라는 단어와 함께 있으니 더 멋졌다. 고등학교 졸업 후 얼마간은 책이 있는 집이나 장소를 찾아다니며 빌려서 보았다. 취업하고 『四書』와 철학자들의 『인생론』, 『사상론』, 『성공론』 전집을 월부로 샀다. 시간이 아까워서 늦게 자고 새벽에 일어나서 책상에 앉으면 사람답게 사는 것 같아 뿌듯했다. 책만큼 소리없이 교훈을 주는 게 드물다. 아는 바가 별로 없으니 걸러내고 자시고 할 겨를도 없이 책은 내 안으로 바로 스며들었다. 『논어』에 꼭 마음에 드는 문구가 있다.

"지지자(知之者)는 불여호지자(不如好之者)요, 호지자(好之者)는 불여락지자(不如樂之者)니라." 나름의 해석으로 (독서의 좋은 점을) 알기만 하는 사람은 좋아하는 사람만 못하고, 좋아하는 사람은 즐기는 사람만 못하리.

어느새 독서를 즐기고 있었다. 한 구절이라도 와닿는 구절을 발견하면 성공이다. 책이 책을 중매해 주면 신이 난다. 좋아하는 저자가 읽은 책은 솔깃하고, 또 새로운 책을 만나게도 해준다. 지금은 인터넷에서 추천도서를 쉽게 만나지만 그때는 교수님들한테 책 소개받는다는 대학생들이 부러웠다. 다행히 고등학생 때부터 다양한 분야의 책을 사서 읽고 보관하는 남편을 만났다. 두 사람이 가지고 있는 책을 합하니까 부자가 된 듯했다. 시간이 흐르자 새로 사거나 버리지 않아서 집안 곳곳에 책이 있다. 나까지 계속 책을 산다면 어찌 감당할까?

남편 서재에 법정의 『무소유』, 『텅 빈 충만』, 『버리고 떠나기』를 보며 장서 보관에 회의가 생길 때가 있다.

몇십 년 소장하고 있는 책 중에 손이 가지 않으면 떠나보내는 게 맞는데 불평없는 책을 구박하는가 싶다. 심혈을 기울여 쓴 책을 읽고 힘이 되었다고 다시 읽을 확률은 드물다. 남편에게 수차례 책을 정리하자고 해도 흘려듣는다. 예전에는 남편이 산 책을 누구에게 빌려주면 금방 알았다. 얼마 전에는 오래된 책 몇 권을 버렸는데도 모르고 있다. 앞으로 조금씩 버려야겠다.

요즈음은 집에 있는 책도 도서관에서 빌려볼 때가 있다. 남편이 알고는 언짢아했다. 그래서인지 책 사는 횟수가 줄었지만 정리하겠다는 말은 하지 않는다. 초심을 생각하면서 무심하게 넘기면 될까? 집앞에 도서관이 있어서 타 도서관과의 상호대차가 되니 어떤 책이든 빌려볼 수 있다. 나무나 숲처럼 소유하지 않아도 즐길 수 있다.

나도 예외가 아님을 발견했다. 은퇴 1년 전에 따로 서재를 만들며 한쪽 벽면에만 책을 채우고, 책상에는 컴퓨터와 몇 권의 책만 놓아서 깔끔한 공간이 되었다. 처음 얼마간은 잘 유지되었다. 웬걸, 날이 갈수록 방바닥에 책이 쌓이고 있다. 보관할 양을 조절하지 않으면 금방 창고가 되겠지? 문학 서적 등 월간지와 지인들이 출간해서 보낸 책들이 많다. 계속 보관할 것인지는 나의 몫이다. 지인들에게서 받은 책은 빨리 읽고 소감을 나누는 편이다. 월간지는 제때에 읽지 않는 게 허다하고 건성으로 읽을 때가 많다. 에너지를 고려하여 선택과 집중을 잘해야 하는데 쉽지 않다.

읽을거리가 없어서 이리저리 책을 찾아다녔던 때가 있었으니 '배부른 소리'지만, 어느 정도 원하는 바를 이루었으니 절제해야 한다. 좋은 사람을 알아보듯이 도움이 되는 책을 선택하는 안목이 필요하다. 50대까지는 새로운 분야에 호기심이 많았고 지금은 공감이 가는 책을 좋아한다. 마음에 드는 문장을 만나면 반갑지만 발전적인 독서라고는 볼 수 없겠지. 우선 내 서재에 쌓여가는 책부터 정리해야겠다. 보관하는 책이 줄어든다고 읽을거리가 줄어드는 게 아니다. 세상에는 읽을거리가 무궁무진하다.

자기소개하기

"아이엠 그라운드 자기소개하기." 합창 소리가 들린다. 익숙한 소리라서 주위를 살폈다. 아파트단지 놀이터 미끄럼틀 위에서 저학년으로 보이는 여자 초등학생들이 놀고 있다. 얼마 만에 듣는 소리인가? 내가 어릴 때도 했던 놀이다. 요즈음은 휴대전화나 다양한 놀이 방식이 나와서 예전의 놀이가 사라지기도 하는데 아직 남아있어서 놀랍고 신기하다. 우리는 이 놀이를 중학생 때까지 했다. 동네 선배들이 하는 걸 보고 배워서 이어져 왔다. 친구들이 동그랗게 모여 앉아서 가위바위보를 해서 이기는 사람이 먼저 시작했다. 아이엠 그라운드 배우 이름 찾기. 운을 떼면 옆에 앉은 사람부터 돌아가면서 배우 이름을 말했다. 주로 사람, 강, 산, 나무, 꽃 이름 찾았다. 답이 맞으면 다 같이 '착착' 말하며 손뼉 쳤다. 중복되는 단어를 말하면 게임에서 지므로 다른 친구가 말하는 것을 잘 들었다. 몰랐던 이름을 들으면 배울 수 있는 교육적인 게임이었다.

웃기는 건 산 이름 찾기에서 한라산, 백두산, 지리산이 나오자 더 생각이 나지 않은 친구가 "동네 뒷산"이라고 말해 웃음바다가 되었다. 게임에 진 친구는 속상해 했다. 진 사람에게는 먼저 운을 뗀 사람이 벌칙으로 중간 손가락을 그의 이마에 힘껏 튕기는 꿀밤 맞기였다. 크게 아프지 않으나 기분이 나빠지므로 맞지 않으려고 기를 썼다.

맞은 사람부터 또다시 시작하며 놀았으니 놀이 규칙이 공정했다. 다만 친구들의 성품이 놀이에서도 나타났다. 복수하듯이 서로 어려운 문제를 내다가 나중에는 반복되는 문제가 나와서 노래 부르기로 벌칙이 바뀌었다. 대부분 노래 부르기를 좋아했으니 저도 즐거웠다. 그때 우리도 요즈음 아이들처럼 놀이터에서 자기소개하기를 했다면 어땠을까? 며칠 후 아이들이 했던 놀이가 궁금해져서 집을 나섰다. 매일 모이지 않는지 놀이터에는 아무도 없고 봄볕만 가득하다. 아쉽다. 그냥 집으로 들어가려니 허전해서 어깨를 늘어뜨리고 아파트단지 옆 산 쪽으로 걸었다. 언제 피었는지 아카시아꽃 향기가 코를 찌른다. 조금만 더 머물러 있으라며 꽃이 자기를 소개하고 싶다고 말하는 듯하다. 아, 아이들이 없으니 그럼, 우리끼리 재미있게 놀아 볼까?

아카시아꽃아, 내가 질문하면 대답해 줄래? 아이엠 그라운드 자기소개하기.

음, 좋아. 내 이름은 아카시아꽃이야, 별명은 은은이. 사람들이 내 향에 취하게 만드는 재주가 있고, 벌이 찾아오면 꿀도 만들 수 있어. 예전에는 나를 받쳐주는 잎을 가지고 아이들이 놀이를 했지. 가위바위보를 해서 이기면 손톱으로 내 잎을 하나씩 튕겼지. 잎을 먼저 다 떨어뜨리면 이기는 거야. 땅에 떨어지면서도 즐거웠으니. 참, 웃기지. 왜 그런지 알아? 내가 좋아하는 것은 사람들의 목소리와 바람과 햇살이란다.

  다음은 내 차례. 나를 소개할게.

  아카시아꽃아, 나는 오뚝이야. 자주 흔들렸다가도 제자리로 돌아오는 사람이란다. 내가 좋아하는 것은 하늘, 사람, 땅이란다. 이 세 가지 사이에 존재하는 것 중에 경이로운 모습을 발견할 때면 기분이 좋단다. 그리고 그동안 다양한 호칭으로 살면서 그 역할에 충실하게 살았는지 또 살고 있는지 살펴볼게.

좋은 생각

📖 월간지 「좋은생각」을 구독한 지 30년이 지났다. 제목과 진솔한 인생 이야기가 좋아서 기다리는 책이다. 언젠가 읽은 "당신과의 소소한 기억 하나가 나를 문득, 오래도록 웃게 합니다."는 여운이 있다.

좋아하는 책이라 지인에게 소개해주고 싶었다. 책값이 싸서 한때 매월 10명에게 선물했다. 고마운 마음이 남아있는 다섯 사람에게는 1년 정기구독을, 날씨가 좋다고 연락하거나 활짝 웃으며 인사하는 사람, 업무 협조 잘하는 사람에게도 선물했다. 책을 받는 사람의 반응이 다양했다. 고맙다며 음료수를 사서 오거나 자기도 구독하며 선물하고 싶다는 사람도 있었다. 책을 마음에 들어 해서 고마웠다. 한동안 선물하다가 도서관에 근무하면서 직원들에게는 중단했다. 책을 다루는 부서라 이곳에서 산 것을 준다고 생각할 수도 있을 것 같아서다. 나누는 기쁨보다 이미지 관리가 더 중요했다.

지금까지 내가 정기구독을 이어오는 건 매월 감동을 주는 글이 한편 이상 있어서다. 타인의 사연을 통해서 앙금이라든가 애틋한 감정이 눈물로 씻겨나가 삶에 온기가 저장된다는 느낌을 받는다.

몇 년 전에 '화해의 기술' 특집에 딸과 엄마 이야기가 실렸다. 제목은 「듣고 싶은 말」이었다. 딸은 어릴 때 엄마에게 모진 말을 들으며 자랐고 열심히 공부해서 장학생으로 대학을 다녔다. 좋은 직장에 다니며 어느정도 성공했으나 상담을 받다가 유년의 상처가 있는 걸 알았단다. 엄마한테 이 이야기를 들려주며 그동안 미안했다는 말을 듣고 싶었는데 오히려 상처받는 말만 들어서 마음이 아팠단다. 앞으로 엄마를 보지 않고 살겠다고 할 정도로. 그런데 딸과 바다에 놀러갔다가 인정사정없이 돌을 때리는 파도를 보며 자기만 생각했구나, 깨달음이 왔단다. 그녀는 바로 엄마한테 전화 드렸다. "홀로 6남매를 책임지느라 고생 많았다. 고맙고 미안하다." 엄마는 "너도 고생 많았다. 해준 게 없어서 미안하다." 서로 울먹였다고. 참으로 아름다운 화해다. 모녀에게는 하고 싶은 말이 아니라 각자 듣고 싶은 말이 있었던 게다. 가족에게든 지인에게든 인정받고 싶은 마음은 같으리라.

"고생했다. 고맙다. 미안하다"를 자주 사용하면 좋은데 내가 옳다며 억울해 하고 감정이 앞서 상대의 마음을 제대로 헤아리지 못할 때가 있다. 남 얘기가 아니었다. 언젠가 올케가 나 때문에 마음이 아팠던 적이 있었다고 들었다. 알고 보니 내 말투와 표정을 오해하고 있었다. 생각하지 못했던 일인데 원인을 찾고 풀어진 적이 있다. 이후 우리는 더 살가워졌다.

자기 입장만 생각하고 말하다 보면 습관이 되어 알게 모르게 상처 주는 말을 하고 또 받으며 산다. 상처는 오래간다. 섭섭한 마음이 들면 이유가 있어서인데 의견을 말하며 사는 연습이 필요하다. 오래도록 고민해서 마음을 갉아먹는 생각이 길면 안된다. 어떤 상황에서 생각이나 관점을 총동원해서 올바르게 판단을 하려는 마음과 좋은 쪽으로 생각하는 방법밖에 없다.

'뇌'에게 잘 보이려고 일부러 웃으며 좋은 생각을 하자고 하면 뇌가 기억한다고 들었다. 상대방과 원만한 관계를 유지하려면 스스로 좋은 사람이 되려고 애써야 하리.

「좋은 생각」책을 장기구독하는 사람이므로….

이 책은 다음 달호 책이 그 전 달에 미리 도착해서 좋다. 다가오는 달에는 왠지 신나는 일이 생길 것 같다.

자랑 이야기는 거의 없고 아픈 삶을 딛고 일어선 사람의 이야기, 마음이 따뜻해지는 글이 많다. 가벼워서 가지고 다니기 좋아서 옆에 있으면 든든하다. 체험을 바탕으로 쓴 진솔한 이야기라서 몇 년 전의 것을 읽어도 고루하지 않다. 약속한 사람이 제시간에 못 올 경우, 기다리지 않고 꺼내서 읽으면 아주 좋다. 이것 읽느라 시간 가는 줄 몰랐다고 하면 덜 미안해 한다. 자연스럽게 책 이야기하다가 만남 장소에서 정기구독 신청하는 사람도 있다. 이 책 덕분에 타인의 삶을 응원하면서 위로받기도 한다.

지하철 사랑 – 그날을 떠올리며

📖 지하철 2호선 신도림역에서 환승한 적이 있었다. 내리자마자 순식간에 사람이 몰려왔다. 나아갈 수가 없어서 서있었다. 위험한 상황에서 밀리고 밀려서 힘겹게 탔다. 지하철 안도 '콩나물시루'같았다. 사람들이 밀착되어 숨이 막히고 꼼짝달싹할 수가 없었다. 정차 때 흔들리며 밀치는 바람에 한쪽 발이 들렸다. 내려놓을 공간이 없어서 한동안 발을 들고 있었다. 바닥부터 시작하라는 말도 있는데 발 디딜 곳이 없으니 이게 뭔가? 서울에 살려면 이 정도는 감수해야 한다고?

발을 들고 서있으면서 이제 치열한 삶이 시작되겠구나, 아찔했다. 달리던 차가 정차하자 쫓기는 사람들처럼 먼저 내리려고 또 밀쳤다. 내리다가 넘어진 사람도 있었다. 잘못하면 밟혀서 다칠 상황에도 불구하고, 사람들 틈을 헤치며 뛰어가는 이들이 보였다. 역마다 사람들이 붐볐다. 작은 몸을 싣고 가는 나의 인생 여정은 어떻게 전개될까 위기의식마저 느껴졌다.

서울특별시민이 되고 싶었던 간절함이 이루어졌으므로 그때의 벅참이 무색하지 않기 위해서는 이대로 주저앉을 수는 없다. 이곳에서 살려면 복잡한 교통환경에서 잘 적응해야만 된다. 정신줄을 단단히 잡았다. 물리적인 힘에 약해지면 안 되지, 부딪혀 보는 게다.
　어느날부터 지하철이 복잡해도 여기는 서울이라고 생각하니 아무렇지 않았다. 엄청난 위기를 실습해서 겁이 나지 않았다. 승객이 적은 날은 앉아서 책도 읽었다. 맞은편에 반짝이는 시선들이 보이고 무엇을 향해 부지런히 달려가는 모습도 보였다. 마음이 안정되니까 시야가 확장하고 있었다.
　다리를 절룩거리는 야윈 청년이 메모지를 건네며 다가왔다. "저는 희망이라고는 없는 불행한 사람입니다. 도와주세요."라고 적혀 있었다. 젊은 사람이 실낱같은 희망도 없단 말인가? 불행하다는 말보다 희망이 없다는 말이 안타까웠다. 저런 문구로 구걸하면 도와주는 사람들의 기분이 별로라고 생각해 받은 메모지에 몇 자 적어서 돈과 함께 건넸다. "저는 지금은 불행한 처지지만 희망적인 마음으로 살고 있습니다. 도와주세요." 청년은 귀한 물건을 받은 듯 내가 건넨 걸 주머니에 넣고는 발길을 옮겼다. 부정적인 단어가 머리에 들어있는 한 긍정적인 삶을 살기는 어렵다. 건강한 사람이든 몸이 불편한 사람이든 불행을 느끼는 순간이나 시기가 있다. 이럴 때 가라앉는 말과 노래 등에 빠지면 비관주의자가 될 수 있다.

　서울에 살며 직장생활하면서 몇 년간 영어공부만 조금 했다. 뭔가 새로운 변화를 주고 싶은데 시간이 빨리 흘러가니 초조했다. 2000년도에 대학에 들어갔다. 집이나 학교가 지하철역과 가까워서 타고 다녔다. 피곤한 날은 앉고 싶어도 대부분 빈자리가 없었다. 앉아있는 사람이 언제 내릴까 살피며 기다려도 좀처럼 내리지 않았다. 내 옆에 서있는 사람 앞에 앉아있는 사람은 수시로 내렸다. 나보다 더 늦게 승차한 사람이 금방 자리에 앉으면 기분이 상했다. 설 자리를 잘못잡아 앉아보지도 못하고 내리는 경우 억울한 생각이 들었다. 눈치가 빠르고 촉이 있는 사람은 용하게 내릴 사람을 아는 걸까? 다른 사람들도 나와 비슷한 감정을 느꼈으리라. 앉아있는 사람이 어느 역에서 내리는지 알고 있으면 궁금하거나 실망하지 않는다. 갑자기 좋은 생각이 떠올랐다. 혹시 내가 자리에 앉으면 이름표를 달자. 인사말과 함께 정차할 역을 양방향으로 넣어서 이름표를 만들었다(둔촌역↔서대문역). 같은 학교에 다니는 남편한테 내일부터 달겠다고 하니 사람들이 나를 쳐다보면 민망할 거라며 말렸다. 희한하게도 다음날 자리에 앉게 되어서 이름표를 달았다. 세 정거장도 채 가기 전에 사람들의 시선이 느껴졌다. 옆 좌석에 앉은 남편도 더는 못 참는 듯 꼬집었다. 죄를 지은 일도 아닌데 결국 이름표를 뗐다. 용감하게 단 이름표. 하루 만에 무산됐다. 누가 어찌 뭐라고 하든 역지사지(易地

思之)하면 권장할 일인데….

쓴웃음이 나온다. 지금은 그때처럼 용기가 없다. 하지만 생각을 행동으로 옮겨서 기분이 좋다. 사람들이 붐벼도 서서 책 읽는 방법을 터득했다. 몸을 잘 비틀면 누구도 방해하지 않고 읽을 수 있다. 늘 책을 가지고 다니니 오래 타고 있어도 지루하지 않다. 이동시간 예측이 가능하고 좋은 추억이 있는 지하철, 자주 이용하려고 한다.

코스모스를 닮아서

"우리 집에 와서 하룻밤 자고 가면 안 될까? 가을만 되면 자네가 보고 싶고 지난해에는 유독 그랬어." 먼 친척언니가 전화를 걸어와 어렵게 말을 꺼냈다. 상상 밖의 부탁이다. 내가 왜 보고 싶은지, 언니는 어떤 모습으로 변했을까? 여전히 고우시겠지?

언니를 뵈어야 할 특별한 이유가 없어서 잊고 지냈다. 늦은 밤에라도 혼자 있는 내 방문을 두드렸으면 좋았을 텐데 어쩌자고 그리움을 쌓으며 사셨을까? 흠모했던 분이 보고 싶다고 하니 영광이라서 뵈러 가겠다고 말했다. 언니네는 읍내에서 오랫동안 대규모로 속옷 가게를 했다. 시내 한복판이라 늘 손님이 끊이지 않았다. 그 당시 언니는 40대였고 난 20대였다. 가게와 지척의 거리에 언니네 시어머니(아주머니)가 사셨고 나는 잠깐동안 그 집에서 자취하며 직장에 다녔다. 언니와는 이야기를 나눈 적이 거의 없었다. 어쩌다가 마주치면 눈인사만 주고받았다. 언젠가 아주머니가 "우리 며느리 교양있다"고 해서인지 '우아한 분'으로 느껴졌다.

어느 이른 아침, 내 방문 앞에 인기척이 들려서 문을 열었다. 생각하지도 못했던 언니가 미소를 머금은 채 밥상을 건넸다. 대보름이라 오곡밥을 했는데 맛있게 먹으라고. 그동안 마음을 써주거나 특별히 해드린 게 없는데 받아도 되나? 밥상을 덮은 보자기를 젖히자 오곡밥, 동태국, 두부전, 갖가지 나물이 있었다. 진수성찬이었다. 혼자서는 해먹기 어려운 음식들. 고운 분이 정성 들여 만든 음식이라 맛있게 먹었다.

친척이지만 사는 형편이 달라서인지 거의 왕래가 없었다. 언니 시할머니(고모할머니)만 당신 부모님 제사 때나 가끔 큰며느리와 함께 우리집에 오셨다. 언니가 결혼할 무렵 친정, 시댁이 갑부였다고 들었다. 양가 소유의 땅을 밟지 않고는 길을 지나가기가 어렵다는 이야기도 있었다. 얼굴을 보면 고생이라고는 한번도 해보지 않았다고 쓰여있다. 어쩌다 시작한 가게일은 중노동이라 편하게 살려고 도시로 이사했었다.

언니를 뵈러 가는 날은 몹시 설레었다. 함께 나눈 이야기가 거의 없으니 어떤 이야기가 오고 갈까? 어색하지는 않을까? 아니 미처 못했던 말들이 고구마 줄기처럼 이어져 나올지도 모른다. 열차 안에서 언니 얼굴을 떠올렸다. 형제도 친구도 아닌 먼 시댁 친척인 나를 그리워하는 마음은 뭘까? 70대 후반인데도 소녀 같은 감성을 가지고 있으신가?

　언니를 뵈러 가기 전날, 차편을 물었다. 다음날 출발하자마자 전화가 왔다. "차 탔는가?" 1시간쯤 뒤에는 "혹시 잘까 봐 전화 했네." 기차에서 내려 택시를 잡으려고 서있는데 "택시 탔는가?" 또 전화가 왔다. 그동안 가족 말고 나를 이렇게 간절하게 기다리는 사람은 없었다. 아파트 입구에 도착하니 나와 계셨다. 언니는 들떠 있었다. 집안에 들어서자 분위기가 무거웠다. 96세의 아주머니와 파킨슨병으로 몸이 안좋은 오빠가 계셨다. 아주머니는 경로당에 다닐 정도로 건강하셨다. "아이구, 이게 누구로. 먼 길 왔구나." 아주머니와 오빠가 반기셨다. 두분 모두 언니와 이야기하도록 잠자코 듣기만 하셨다. 다만, 아주머니는 젊었을 때부터 끼니 때마다 물 대신 하루 1병 막걸리를 마신단다. "어미가 떨어지지 않게 미리 사놓는다"고 하셨다. 여전히 며느리를 인정해 주는 모습이 좋았다.
　다들 저녁을 먼저 먹었다며 나를 위해 독상을 차려놓았다. 세상에나, 15첩 반상이라니! 예측하지 못한 환대를 받으니 황송했다. 쇠고깃국, 동태전, 조기, 청국장, 시래깃국, 다시마 등 각종 반찬이 한상 가득했다. 집안 분위기와 달리 음식과 그릇은 활기를 띠며 빨리 숟가락을 들라고 말하는 듯 보였다. 예전에 찰밥을 해 오셨을 때보다 더 당황스러웠다. "이것도 먹어보게." 음식 솜

씨가 있어서 모든 반찬이 맛이 좋았다.

우리는 새벽까지 이야기를 나눴다. 젊었을 때 왜 한 번도 대화하지 않았는지! 마음으로 좋아하면 무슨 의미가 있을까? 살갑게 다가가서 차 한잔 했어야 했는데….

언니는 교원자격증을 써먹지 못한 게 잘못이었다고 했다. "친정 형제들과 친구들은 교편 잡으며 원하는 일하면서 살았다"며 씁쓸해 하셨다. 가슴속에 열정이 잠자다가 사그라지는 모습이 스쳐 지나갔다. 하지만 목소리가 부드러워서 신세한탄처럼 들리지는 않았다. 공부든 관심 대상이든 때가 있다. 적절한 때 조언이나 격려를 받으면 인생이 달라질 수 있고 더 풍성한 삶을 살 수 있다. 언니는 내 고등학교 선배였다. "자네는 목표를 가지고 계획성 있게 사는 것 같아. 예나 지금이나 말하지 않아도 개성과 주관이 있어 보인다"고 하셨다. 내가 왜 보고 싶었느냐고 묻자 "자네는 코스모스를 닮았어. 그래서 가을이면 보고 싶었네." 궁금증을 쉽게 풀어주었다.

여행지에서 맛있는 걸 먹으면 가족이 생각나고, 황금빛 들판을 보면 고향이 생각나는 건 비일비재(非一非再)다. 그런데 내가 좋아하는 코스모스를 언니도? 고등학생 때 담임선생님도 코스모스를 보면 내가 생각난다고 하셨다. 나도 까치를 보면 이해인 수녀님이 떠오른다.

제7부

혼자만 알고 있는 약속일까

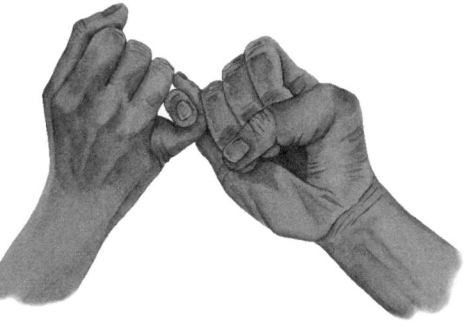

그해 여름, 홍역 같은 일

📖 그해 더위는 찜통 자체였다. 와중에 시청이 신축공사를 해서 슬레이트로 지은 임시사무실에서 근무했다. 사무실 안은 40도가 넘었다. 직원들은 책상과 의자 사이가 좁은 곳에서 뜨거운 숨을 몰아쉬며 버텼다. 열기에 정신이 오락가락하는 사람, 몸살이 난 사람도 있었다. 에어컨은 고사하고 선풍기라고는 과장님 전용 1대와 스탠드형 2대뿐이었다. 과장님이 잠시 자리를 비우면 직원들은 얼른 그 자리로 갔고 틈만 나면 자기 쪽으로 선풍기를 돌려서 고정했다가 다시 회전을 시켰다. 그렇다고 출근을 안할 수가 없으므로 견뎌야 하는 현실을 힘들어했다. 과장님은 이러다가 모두 익어버릴까 걱정된다며 1시간씩 교대로 쉬라고 하셨다. 일하러 왔는지 더위와 맞서기 위해 왔는지 우리 신세가 딱했다. 그나마 공식적으로 허락해 준 시간이라 찻집에 가서 쉬고 온 적이 있다. 달아올랐던 얼굴을 잠깐 식히고 밖에 나오자 땅이 끈적끈적하고 멈춘 듯 이글거리는 공기. 이를 감당할 재간이 있

을까? 숨이 턱앞까지 막혔다. 이대로 5분만 서있으면 죽을지도 모른다.

우리의 삶이 이렇게 화끈거리는 열기로 가득하다고 해도 안 될 일이다. 빠른 걸음으로 사무실에 들어왔다. 어쩌다가 스치는 선풍기 바람에 시원함도 잠시, 머리카락이 날리면 일이 집중되지 않았다. 선풍기에 의지하고 있는 자신이 처량했다. 전용 선풍기를 갖고 싶었으나 청사 전체에 전력이 약해서 개인용품을 사용할 수가 없었다. 이열치열을 생각하다가 이판사판까지 내달았다. 어디 더위와 한번 붙어볼까? 시험해 보고 싶었다. 마음을 먹고 나니 선풍기가 대수인가 싶었다. 그날부터 선풍기 바람이 내 자리로 오지 말게 해달라고 하니 직원들이 괜찮냐며 독하다고 했다. 입 꼭 다물고 일에 파묻혔다. 몸살은 나지 않았으나 며칠이 지나자 온몸이 가렵더니 불청객이 찾아왔다. 엉덩이에도 가슴골에도 뽀족뽀족한 땀띠가 돋아났다. 자초한 일이라 아무에게도 말하지 않았다. 집안, 사무실, 땅, 공기 모두가 더위로 가득해 땀과 섞여서 따끔거리고 통증이 심했다. 몸을 이 지경으로 만들다니! 어리석은 짓을 한 건가?

어느 날부터 땀띠가 하나둘씩 떨어졌다. 생겼던 순서대로 자취를 감췄는지 씻은 듯이 매끈해졌다. 홍역 비슷한 것을 겪었으니 더위를 견디는 면역이 생기겠지. 의지의 대결에서 육체가 항복한 걸까? 거짓말처럼 그해부터 날씨에 민감하지 않고 더위가 무섭지 않다. 덤비려면 덤벼보라는 식이다.

30년이 훌쩍 지난 지금. 몹시 더울 때면 설마 그때보다 더 더울까 생각하면 입가에 미소가 번진다. 친구는 여름이면 얼굴에도 땀이 흘러서 사람을 마주하기 민망하다며 만남을 미룬단다. 그녀는 춥다 덥다 소릴 잘 안하는 내가 신기하다며 혹시 이상체온이 아니냐고 묻는다. 그렇지는 않을 것이다. 큰 경험을 하고 나서 면역이 생겼거나 무신경해졌는지는 모르겠다. 다만, 살아가는 데 춥고 덥고는 조금 불편할 수 있으나 불행한 일은 아니니 언급하지 않는 편이다.

가끔 역발상으로 효과를 볼 때가 있다. 엄청 더운 날은 폭포나 하얀 눈 사진을 꺼내 본다. 직접 체험이든 간접 체험이든 심신에 자극을 준다.

이글거리는 여름이면 늘 홍역 같았던 그때가 떠오른다.

이런 날도 있네(칠순 잔치)

📖 언니 생일은 추석 이틀 전인 음력 8월 13일이다. 아이들과 함께 살 때는 생일이면 외식을 했는데 이제는 모두 멀리 살아서 제때 하지 못한단다. 언니는 맏며느리라서 추석 전날이면 시댁 가족들이 집으로 모이므로 생일 선물을 받는단다. 태어나는 시기를 마음대로 정할 수 없으니 위로로 삼는다고 말했다. 나이 들수록 대접받고 싶은 마음이 더 할 텐데 섭섭할 수 있을 것이다. 형부, 언니는 동갑이고 칠순이 되었다. 한동네에서 형부가 4개월 보름 일찍 태어나셨다.

햇볕이 따사로웠던 봄날, 언니와 찻집에 있다가 칠순 이야기를 꺼냈다.

요즈음은 칠순 잔치를 안 하는 추세라며 형부가 시댁 형제들한테 하지 않는다고 이미 말했단다. 언니는 어쩔 수 없이 동참하는지 표정이 씁쓸해 보였다. 우리 남편이 정색하며 "형님이 그동안 힘들게 농사지어서 자식들에게 집과 차도 사주었는데, 당연히 하셔야죠." 나도 해야 한다며 거들었다. 잠시 언니의 눈동자가 흔들렸다. "아이들도 그렇게 아는데 어쩌지?" 난처한지 잠시 머뭇거리더니 "사실은 나도 칠순 잔치 하고 싶어." 아! 언니의 그 속마음이 꼭꼭 묻힐 뻔했구나. 우리 핑계를 대고 일단 아이들과 상의하라고 했다. 형부 형제들과 우리 형제들만 부르면 어떠냐고 권하니 화색이 돌았다. "일이 커지겠구나. 형부가 싫다고 할 텐데."

언니한테만 맡기기가 그래서 우리가 형부께 말씀드리니 묵묵부답이고 어색한지 자리를 뜨셨다. 두사람 모두 자식들한테 자신의 마음을 드러내기는 민망하고 그냥 넘어가면 서운했을 것이다. 언니는 형부가 강하게 하지 않겠다고 하더니 왜 말이 없는지 이상하다고 했다. 거부하지 않는 것은 긍정으로 해석하면 된다.

형부 칠순 잔치가 성사되어 일사천리로 진행했다. 아들이 거주하는 지역의 호텔에서 형부 친가 5남매와 처가 4남매 형제들이 모였다. 자식들이 마련한 플래카드에는 엄마와 관련되는 문구는 없고 아버지에 대한 존경과 감사인사만 적혀 있었다. 마치 부모님의 칠순 잔치를 따로 하겠다고 암시하는 듯이….

사람의 속마음은 알다가도 모를 일이다. 무엇이 형부의 마음을 숨기게 했을까?

자신을 챙기는 게 쑥스럽고 미안해서? 우리가 핑계를 만들어 준 것은 잘한 일이다. 형부는 물론 가족들의 만족스러운 표정을 보면서 누구를 지켜보는 것도 중요하지만 어떤 경우에는 살짝 나서서 의견을 말해야 할 필요성을 느꼈다.

　몇 달 후에 또 언니 칠순 잔치를 했다. 예약한 식당에 모여서 저녁을 먹고 언니댁으로 왔다. 거실에는 잔칫상이 차려져 있고 벽에는 풍선 장식과 플래카드에 언니 이름이 보인다. 엄마라는 단어도 좋을 텐데 이번만큼은 당신 이름을 넣고 싶었던 걸까? 아니면 아이들이 엄마 마음을 읽어서일까? "사랑하는 숙자씨, 하고 싶은 거 다 해. 우리가 있잖아." 언니는 가족과 주변 사람들을 잘 챙기는데 자신의 칠순 잔치를 멋지게 하니 소원을 이룬 게다. 장갑을 끼고 쪽 빼입은 옷 위 어깨에 휘장을 두르고 왕관까지 쓰니 고고한 귀부인 모습이다. 우리는 여왕 같다며 박수를 보냈다. "이런 날도 있네. 축하해 줘서 감사합니다." 홍조 띤 언니의 얼굴. 집안에 웃음꽃이 피었다.

　언니는 생일 4일 전에 칠순 잔치를 했다. 당연한 듯 자연스럽게 맞이한 게다. 그동안 생일 전후에 형제들과 따로 식사한 적이 있으나 칠순처럼 다같이 만난 건 처음이다. 요즈음 평균수명이 길어졌으나 칠순까지 살아온(낸) 건 복된 일이다. 시댁이나 친정에서 맏이인 언니는 동생들 앞에서 잔치하고 싶었단다. 언니의 색다른 모습이 우아하고 어울린다. 간단한 의식 후 사진을 촬영하는데 서로 먼저 찍겠다고 야단이다. 오늘 하루, 온전히 주인공이 된 언니를 보며 덩달아 신이 난다. 누구나 한번은 주인공이 되고 싶고 주목을 받고 싶은 게 솔직한 마음이고 표현이다. 형부도 평소와 달리 더 흡족한 표정을 짓고 계신다. 형부가 "거북이, 건강하고 오래 살게" 하신다. 기분이 좋을 때면 당신이 지어준 언니의 별명 거북이. 그 뜻이 무엇을 내포하고 있는지, 어떻게 해석하는지는 모르나 언니는 애칭으로 여기는 것 같다.

  칠순 잔치를 기다리면서 콧노래를 불렀다는 언니. 행사 시작 전에 돌아가신 엄마한테 핸드폰을 쳐서 구경하러 오시라고 했다는 남동생. 밤은 깊어가고 이야기는 이어진다. 우리는 지금 같은 방에 누워 있다.

청운심(淸雲心)

📖 사월 초파일과 칠월 칠석(七夕)이면 할머니나 엄마를 따라 절에 갔다. 가파른 산길을 오르며 절은 왜 산꼭대기에 있어야 하는지 궁금해 하면서 들꽃을 보며 걷는 게 즐거웠다. 손을 씻고 법당에 들어가면 사람들이 가득했다. 늘 아이는 나혼자였다. 밖에서도 마루에서도 부처님께 절을 올리는 사람들이 있었다. 그냥 있기가 뭣해서 어른들을 곁눈질하며 절을 했다. 나이 들어서 가끔 생각났으나 여전히 별생각없이 절을 했다. 몇 번 절하고 밥 먹고 오는 게 전부였는데 누가 종교가 뭐냐고 물으면 불교라고 말한다.

그러던 중 지인이 불교대학이 있다고 해서 기본적인 것을 배우려고 갔다. 수강생이 무려 72명이고 5개월간 배울 교재가 두꺼워 부담이 되었다.

자기소개 시간이었다. 되도록 직업, 불교 활동, 수강 동기 등을 자세히 말하란다. 불교에 입문한 지 오래된 사람 등 소위 말하는

쟁쟁한 분들이 많았다. 나는 단순한 호기심으로 왔는데 잘 적응할 수 있을까? 그렇다고 시작한 걸 그만둘 수 없었다. 감당할 수 있는 만큼 배우자. 짧은 지식이라도 배워서 잘 써먹으면 된다.

『반야심경』은 한문으로 되어 있었고 해석이 어려웠다. 공(空)은 단순히 '아무것도 없는 상태'로 알고 있었는데 인식과 관련된 부분은 이해가 되지 않고 들을수록 멍해졌다. 시간을 죽이려고 온 건 아니겠지. 아무것도 모르니 자극받기 더 좋지 않을까? 집중이 되지 않았다. 며칠이 지나자 법요집에 있는 「부처님과 같이」라는 찬불가를 가르쳐주었다. "어둠은 한순간 그대로가 빛이라네."

누군가 강의실 불상 앞에 청정수를 올리는 모습이 눈에 들어왔다. 그날 이후 강의실에 일찍 도착하여 청정수를 올렸다. 신기하게도 물러날 때마다 눈물이 쏟아졌다. 원(願)이나 한(恨)을 생각할 틈도 없이 짧은 순간에 일어나는 일이라 당황스러웠다. 뭔지는 모르나 기분이 좋았다. 흐르는 눈물 속에 들어있는 성분이 소금만은 아닐 텐데 이것도 마음공부에 속하겠지?

"정진하세, 정진하세, 물러남이 없는 정진." 노래를 부르면 숙연해졌다. 많은 걸 배우고 익히려면 시간을 투자하며 정성을 들여야 하는데 여러가지로 역량이 모자랐다. 인내심마저 부족해서 마음공부만 하기로 했다. 하지만 종강 전에 불교대학에 다닌 소감을 쓸 과제가 남아있어서 막막했다. 마침, 동국대 P교수님의 특강은 가려운 곳을 시원하게 긁어주는 강연이었다. 주지스님이 학생들의 소감문을 읽고 불명(佛名) 지을 때 참고한다고 하셨다.

종강 전날, W스님이 A4용지 1장을 나눠주면서 15분 안에 소감문을 써서 내라고 하셨다. 줄이 그어지지 않은 깨끗한 종이였다. 우선 글씨를 가지런하게 쓸 수 있을까 걱정했고, 무엇으로 느낌을 채워야 할지 정리되지 않았다. 하지만 살면서 찾아오는 많은 일 가운데 불교대학에 다닌 건 좋은 기회였다. 수업이 있는 날은 하루도 찡하지 않은 적이 없었다. 어려운 공부나 수행을 제대로 이해할 수 없었으나 시간이 지날수록 부수적으로 따라오는 기쁨이 많았다. 소감문을 쓰다 보니 생각하지도 않았던 내용이 술술 나왔다. 헉! 여백 남기는 것도 잊고 빽빽하게 써냈다.

수강생 대표에게서 전화가 왔다. 주지스님이 나를 '장원'으로 뽑으셨다며 졸업식 때 한복 입고 상(賞)을 받아야 한다고 했다. 장원이라는 말을 처음 들은지라 놀라웠다. 불교 지식이 거의 없고 작은 일에 감동하며 만족한 것밖에 없는 내가 상을 받는 게 맞나 싶었다.

상품 상자를 열었다. 헝겊에 쌓여있는 천 속에 염주와 청운심(淸雲心)이라는 불명이 적혀 있었다. "간혹 구름 낀 날이 있더라도 한 조각, 한 뭉치의 맑은 구름이 나타날" 좋은 쪽으로 해석하며 가끔 떠올리는 이름이다.

작년에 한달 동안 남미여행을 했다. 자주 생각나는 장소는 볼리비아 우유니 사막이다. 현지 운전기사한테 새벽부터 몸을 맡긴 채 이정표도 없는 먼짓길로 들어섰다. 울퉁불퉁한 길에서 흔들릴 때마다 삶이 뒤척였던 날들이 떠올랐다. 어디까지 가야 목적지에 도달하는지 막연함은 내가 어디를 향하며 살아왔는지를 생각하는 시간이었다. 운전기사는 이 길을 몇 번이나 왔을까? 반복되는 일을 하며 지겹지 않았을까? 몸이 왜소해서 안쓰러웠지만 일이 생겨서 좋은지 얼굴은 밝았다.

  소금 사막에 도착하자 우리 일행은 환호성을 질렀다. 달려왔던 길과는 달리 눈앞의 광경은 어떤 표현도 모자랄 정도로 멋졌다. 아무런 장애물이 없는 넓은 곳에 길게 펼쳐진 구름과 흰눈 같은 게 맞닿은 '그곳에 내가 있었다.' 광활한 풍경처럼 마음이 개방된 느낌이랄까? 문득 불명인 청운심이 떠올랐다. 이 이름을 좋은 쪽으로 해석하며 뿌듯해 했지. 맑은 구름이 나타나려면 어떤 과정을 거쳐야 하는지 그 이면을 볼 생각은 하지 못했다. 그저 눈에 보이는 대로 조각이나 뭉치로만 인식한 사고가 틈을 찾고 있었다. 어떤 결정이라던가 문제에 부딪힐 때 자신에게 '맞아, 그럴 수 있어. 잘한 거야.' 자기합리화에 익숙한 고정관념과 집착. "나는 자석처럼 모든 좋은 것을 자기 쪽으로 끌어당기는 힘이 있다"고 말했지. 지금까지 스스로 규정해 놓은 소중함이라든가 애착에 대해 돌아볼 시간이 와 있다. 그대가 좋아하는 청운심을 왜 이곳에서 붙잡고 있는지….

하모니카

친구와 둘이서 고향 들길을 걷다가 신천서원(新川書院) 앞산에 앉았다. "네 생각이 나서 샀다. 이거 선물." 하모니카를 건넸다. 깜짝 이벤트다. 친구는 하모니카를 배우고 있어서 잘 불었다. 내게 해보라고 해서 친구가 하라는 대로 숨을 내쉬고 들이마시며 불었다. 신기하게도 '도레미파솔라시도' 소리가 나왔다. 연습하면 되겠구나. 동요를 마음껏 불고 싶었다.

선물을 보관하고 있다가 은퇴 후 1년간 하모니카 연주법을 배웠다. 코로나 19로 인해 줌(Zoom)으로 강의가 진행되었다. 기초가 없으니 걱정했고 배짱이 필요했다. 하필 수강생 5명 중 4명은 능숙하게 다양한 기법으로 연주하는데 혼자서 왕초보라는 거였다. 주눅이 들었지만 어쩔 수 없는 일. 처음부터 잘하는 사람이 없기에 착실히 하면 되겠지.

첫 시간에 퍼커 싱글(Pucker Single)주법을 배웠다. 최대한 입을 오므려서 한 구멍에 대고 불어서 한음만 나오면 된다. 입 모양은 '오'나 휘파람을 불 때처럼 한다. 음소거 기능을 활용하여 대화하고 연주하니 대면보다 오히려 편했다. 하지만 부피가 작고 무겁지 않은 악기인데도 사람들이 보는 앞에서 불면 힘이 들어가서 어깨가 뻐근하고 아팠다. 하모니카는 한 개로만 부는 줄 알았는데 몇 달이 지나자 그게 아니었다. 음표에 샵(#)이 나오면 반음 하모니카가 필요했다. 단순해 보였는데 두 개를 동시에 잡고 연주하면 손이 후들후들 떨렸다. 초보니까 이해해 주겠지….

위기는 또 왔다. 텅블럭 싱글(Tongue block single) 주법은 하모니카를 깊게 물고 소리를 내려는 음의 구멍만 빼고, 그 아랫부분을 혀로 막고 부는 방법이다. '도'를 내려고 하면 중음 '도' 아랫부분의 '시솔라미' 부분에다가 혀를 대서 막은 채 불어야 한다. 베이스나 화음 주법의 기초가 된단다. 방법을 몰라 혀에 힘을 주니 침이 많이 나왔다. 수시로 하모니카 구멍이 막혀서 계속된 음이 안 나오고 이상한 소리를 냈다. 제대로 수업을 받으려면 하모니카가 여분이 있어야 한다.

와중에 베이스 반주법을 알려주었는데 역시 혀가 말을 듣지 않았다. 강사님은 "베이스 주법은 시간이 오래 걸리고 몇 년을 배워도 못하는 사람이 있다"며 꾸준히 연습하면 된다고 하셨다. 기를 써도 잘 안되는 반주법을 배우다가는 지쳐서 초심을 잃을 것 같았다. 이러다가 좋아하는 곡의 멜로디 연주도 못하게 될까 걱정했다. 베이스 반주는 배우지 않겠다고 하니 우선 새로운 멜로디로 진도를 나가자고 했다.

입을 크게 벌리고 하모니카를 꽉 물고 불면 화음이 어울려 소리가 더 아름답다. 알면서도 '눈 가리고 아웅'식으로 강사님 앞에서 테스트할 때만 텅블럭 싱글 주법으로 연주하고, 연습할 때는 더 쉬운 퍼커 싱글로 불었다. 강사님은 내가 연주하는 걸 보면 하라는 대로 하지 않는 걸 아시겠지? 말을 잘 안듣는 수강생이 되기로 자처했다. 가끔은 다른 수강생처럼 멋지게 연주하고 싶지만 입을 오므리고 한소리로 연주해도 마음을 적시기에 충분했다. 좋아하는 곡을 매일 같이 불어도 싫증이 나지 않는다. 연주에 능숙한 수강생 한분이 내게 살짝 "진도 따라가느라 자기가 좋아하는 곡이 뭔지도 모르고 연습에만 매진하는 게 맞는지 갈등한다"고 했다. 나만 힘든 게 아니었다.

그렇게 1년을 배웠다. 다음 학기부터 대면수업이라서 그만두겠다고 하니 모두 "욕심이 없다"며 아쉽단다. 더 잘하려다가 소박한 즐거움까지 놓칠 것 같다고 말했다.

다장조인 가요나 동요는 편하게 연주할 수 있다. 악보를 보지 않고 연주하려면 반복해서 연습하면 된다. 휴대하기 좋은 악기라 장점이 많다.

얼마 전, 부모님 산소에서 「어머님의 은혜」를 연주했다. 여동생은 "몇 마디의 말보다 더 의미가 있고 무반주 멜로디도 좋다"며 부럽다고 했다. 다음에는 함께 연주하자며 하모니카를 선물했다.

이대로도 마음이 평온하니 둔하고 어리석은 걸까? 학교 다닐 때 성적에 아등바등하지 않았던 것과도 별반 차이가 없다. 도전 정신이 많다는 이야기를 자주 들어왔는데 왜 쉽게 만족하는 걸까? 방안에 나란히 놓인 일곱 개의 하모니카들이 나를 바라보며 선택되기를 기다리고 있다. 어떤 것을 잡고 무슨 곡을 연주할까? 교본에 포스트잇이 주렁주렁 붙어있는 곡을 넘긴다. 동요 「고향 땅」, 「어머님의 마음」, 「구름」, 「산들바람」, 「노을」…. 시작하면 10곡 정도 분다.

입과 가까운 뇌가 바로 알아들어서 가사 속 풍경과 감각이 깨어난다, 신통방통한 하모니카.

하얀 발자국

서울에 살다가 2003년 4월에 성남으로 이사 와서 전화국에 집 전화를 신청했다. 담당자가 잠깐만요 하더니 전화번호를 말했다. 그건 제 핸드폰 번호인데요? 그는 사무적인 목소리로 새로운 집 전화번호가 맞습니다. 찰칵, 전화를 끊었다. 핸드폰 앞자리 011을 빼고 뒷자리 수 일곱 개가 내 핸드폰 번호와 같았다. 이럴 수가! 소름이 돋았다. 지구가 나를 위해 돌고 있는 걸까?

가장 먼저 눈에 들어온 곳은 중앙공원과 분당구청 앞 잔디광장이었다. 이곳에 만개한 꽃이 축제 분위기를 연출하며 나를 반겨주었다. 부산하지 않고 안정돼 보이는 공간, 한 폭의 수채화 같은 분위기다. 가까이에서 이 풍경을 보면서 근무하는 구청 직원들은 얼마나 좋을까?

목표가 생겼다. 간절히 원하면 이루어지겠지? 어깨를 펴고 구청 현관에 들어서는 모습을 상상했다. 지하철을 탈 경우, 집에서 가까운 수내역에서 타지 않고 일부러 구청을 지나서 서현역에서 탔다. 자주 바라보며 기운을 받고 흠모하다 보니 이사 온 지 5년째 되던 해에 분당구청으로 발령이 났다. 꿈을 꾸는 것 같았다. 2년 가까이 공원으로 걸어다니며 계절마다 넋을 잃게 만드는 풍경을 감상했다. 출퇴근하며 보는 꽃, 나무, 토끼, 청설모는 늘 처음 보는 느낌이었다. 나뭇가지 사이로 반짝이는 햇빛을 보려고 점심시간에도 산책하는 날이 많았다. 흔적이 남지 않은 발자국 속에 감사하는 마음과 풋풋한 사연들이 늘어갔다. 그렇다고 좋은 일만 있는 건 아니었다. 폭우나 눈이 오는 날은 비상근무하며 구청 주변에 제설작업을 해야 한다. 눈이 오면 어린아이처럼 뛰어다니고 싶은 마음은 예나 지금이나 같다. 아이들과 강아지는 잔디광장에서 신나게 놀고 있지만 그림의 떡이었다. 눈을 치우면서 기껏 한 뭉치 뭉쳐서 친한 사람 등에 한번 던져보는 도리밖에 없다. 날씨 예보에 눈이 오면 걱정이 앞섰는데 은퇴 후에는 펑펑 쏟아지기를 바랐다.

    드디어 그날이 왔다. 오후부터 눈발이 날리더니 함박눈이 오고 있었다. 욕심쟁이처럼 넓은 공간을 좀 더 차지하려고 집을 나서며 걸음을 재촉했다. 잔디광장이 텅 비어 있으리라고는 생각하지 않았다. 그런데 한 사람도 없다. 이곳에 못들어오게 막았을 리가 없을 텐데! 나의 독무대, 가슴이 뛰었다. 네모난 둘레를 돌까? 그냥 안으로 들어가 자유롭게 걸을까? 아니야, 선이 서로 이웃하지 않은 대각선으로 걸으며 광장 한복판에 서 봐야겠다. 남쪽 꼭짓점에 섰다. 발을 디뎠다. 뽀드득뽀드득 소리가 났다. 공직에 첫발을 내디뎠던 때가 생각나서 꼭꼭 누르며 걸었다. 공무원 윤리헌장이 입에서 새어 나왔다.

'오늘도 민족중흥의 최일선에 서서 겨레와 함께 일하며 산다.' 이렇게 살려고 애썼지. 이제는 그 역할을 하지 않아도 된다. 그냥 걷고 싶은 길로 가면 된다. 우산에 쌓인 눈을 털어내며 주위를 살폈다. 여전히 사람은 없다. 발에 힘을 주며 꼭짓점에 점을 찍었다. 넓은 광장에 찍힌 내 발자국이 궁금해서 뒤를 돌아보았다. 어머나! 똑바로 걷는다고 걸었는데 발자국이 삐뚤빼뚤하다. 지금까지 걸어온 인생길에서도 미처 깨닫지 못한 오류가 있었겠지? 올바르게 살려고 해도 환경이나 상황에 따라 어긋나거나 비뚤어질 때가 있듯이 마음에 들지 않는 뒷모습이다. 모르고 지나쳤다면 좋았을까? 자유로운 무대였음에도 이 정도로 연출을 하다니!

계속 눈이 내린다. 내 발자국이 조금씩 희미해지고 있다.

한 입만 덜 먹으면 될걸

　동네 아파트단지 장터에 사과를 사러 갔다. 낮이라서 사람들이 많을 줄 알았는데 아무도 없고 주인 혼자만 있었다. 어색한 분위기 속에서 사과가 담긴 바구니를 훑어보고 있다. '7개 만원.'

　그가 말을 건넸다. "어떤 것으로 드릴까요?" 사과 크기와 상태가 비슷비슷해 보였다. "사장님 주시고 싶은 것으로 주세요." 놀라는 눈치다. 그는 조심스럽게 사과를 봉지에 넣고 건네면서 "사모님, 죄송한데 조금만 기다려주세요." 하더니 뒤돌아섰다. 그리고는 쌓아놓은 새 상자 한개를 뜯었다. 보여줄 거라도 있나? 웬걸! 사과 1개를 꺼내서 당신 옷속에 넣고는 반지르르하게 문질러서 겸연쩍은 얼굴로 내밀었다. "사모님께 드리고 싶습니다." 전혀 예상하지 못한 일이다. 비싼 사과를 덤으로, 그것도 아무도 손대지 않은 것으로 주다니! 엄마 말이 맞았다.

　언젠가 엄마가 손수레에서 팔고 있는 사과를 사러 갔는데 아주머니 세 분이 있었단다. 한분이 사과를 사면서 더 달라고 하고 주인은 안된다고 하는데 아주머니 한 분이 막무가내로 1개를 집어서 도망가다시피 갔단다. 주인이 황당해 하는 모습을 보며 그래봐야 한입 차이일 텐데 "한 입만 덜 먹으면 될걸" 안타까웠다고….

상거래에도 엄연히 인격이 존재한다. 어떤 손님에게는 물건을 팔면서도 속이 상하고 또 어떤 손님은 무엇이라도 더 주고 싶을 때도 있을 테다. 돈 주고 산다고 주인의 애를 태우거나 사지도 않고 물건을 타박하는 사람들을 보아왔다. 엄마는 "노점상에서 채소나 과일을 살 때 값을 깎거나 더 달라고 하지 말고 주인이 인심을 쓰게 해라." 특히 사과를 살 때는 좋은 것 고르려고 자꾸 만지면 멍이 들어서 주인의 심장을 건드리니 활을 쏘듯이 집중해서 보고 한번에 선택하라고 하셨다.

한 입 덜 먹으면 된다는 엄마 말씀을 듣지 못했다면 사과를 만져보고 샀을 텐데 귀에 익은 말씀이라 물건 앞에서 초연하다.

그래서인지 식당에서도 맛있는 반찬이 있으면 더 달라고 하지 않는다. 되도록 나오는 반찬만 다 먹자 주의다. 알고 지내는 사람 중에 식당을 하는 분이 있었다. 가장 힘든 날은 곗날인지 정기 모임인지 여자 손님들이 우르르 몰려서 올 때라고 했다. 남자 손님들이 오면 반찬을 더 달라고 하는 경우는 드물고 매상이 오르는 술을 몇 번씩 주문한단다. 여자 손님들은 남은 반찬이 많은데도 입에 맞는 반찬만 자꾸 달라고 해서 무섭다고 했다. 손님의 요구가 지나치면 모양새가 좋지 않다.

한집에서 살았던 시어머니도 소식(小食)하셨다. 생신이나 경사스러운 날에 반찬이 많아도 몇 가지만 드시고는 잘먹었다고 말씀하셨다. 어느 날, 식사 후에 거봉 포도를 드렸더니 "배가 불러서 못 먹는다." 그럼 우리도 못 먹으니 "맛 좀 보세요." 한 알만 드시고는 "참, 맛있네" 하며 웃으셨다. 부모님들은 보통 자식들이 더 먹으라고 한 입 덜 드신다. 의도적으로 한 입이라도 덜 먹으려고 하는 게 습관이 되신 듯하다. 그래서인지 두분 어머니 몸에 군살이 없었다. 요즈음처럼 먹을 게 흔한 시대에 본받을 만한 메시지다. 나도 예전보다 식탐은 줄었으나 입맛이 없는 경우는 드물다. 한 입 덜 먹기, 쉬운 일이 아니다.

내 마음에 향기가 날 때

📖 주 1회, 아동센터에 봉사하러 가는 날이다. 어느덧 3년째, 시간이 지날수록 아이들이 보고 싶고 기다려진다. 초등학생들도 내가 편해진 모양이다. 책을 읽던 아이가 갑자기 춤추며 노래하고 싶단다. 다른 아이와 달리 집중을 잘해서 1학년이라고 하기엔 조숙해 보인다. 눈으로는 글자를 훑고, 머릿속은 딴생각으로 가득할 아이. 처음 만났을 때는 부끄러워하더니 기특하다. 한번 해보라고 하니 유튜브에서 가수 지수의 「꽃」을 틀어 달란다. 설레는 마음으로 영상을 찾아본다.

"구름 한점없이 예쁜 날. 꽃향기만 남기고 갔단다." 가사 말이 끝나자 그 애는 손가락을 움직이며 춤을 춘다. 그늘 한점없이 해맑은 얼굴이다. 동작 하나하나에서 장미꽃 향기가 느껴진다. 혼을 빼앗는다. 작은 아이가 큰 존재로 다가온다. 누군가에게 꽃향기를 남길 수 있다면!

오래전에 사진을 찍어 둔 적이 있다. 흔적을 남겨 놓지 않으면 내게 스며든 향기가 날아갈 것 같았다. 어디로 가야 비밀을 지켜줄까 망설이다가 조금 넓어보이는 곳으로 갔다. 사진사가 반갑게 맞으며 앉으라고 했다. 비장한 마음은 어디로 갔는지 머뭇거렸다. 입마저 얼어붙었다. 그냥 나가 버릴까? 처음 보는 사람 앞에서 향기라는 단어를 들먹이면 어떤 반응을 보일까? 갈등이 일었다. 기회를 포착하기가 쉬운 일이 아니다.

사진 찍기 한달 전부터 몇몇 사람이 내게 향기가 난다는 말을 했다. 친구는 동백꽃, 동료는 벚꽃 향기가 난다고. 향수를 산 적도 뿌린 적도 없는데…. 동기부여를 한 사람은 일본 동경대를 졸업한 할머니였다. 직장에서 어버이날 행사 때 쓰려고 여럿이 카네이션을 만드는데 옆에 계셨다. 내가 말을 하고 나면 "옥구슬이 도르르 구르는 것 같고, 말속에 향기가 난다"고 하셨다. 할머니에게서 느껴지는 세련된 모습처럼 표현이 멋졌다. 20대 초반, 학력에 주눅이 들었던 때라 배운 분이 그렇게 말씀하시니 기분이 좋았다. 그 시절 향기라는 단어를 썼던 사람들은 이미 삶속에 향기 몇 점씩 간직하고 있겠지?

"저기, 사진에 글자를 넣어서 찍으려고요."

"네, 말씀하세요." 내가 한참 동안 말을 하지 않자 사진사는 "뭐라고 넣어 드릴까요?" 했다. 또 말문이 막혔다. 그는 무슨 사연이 있다고 여겼는지 메모지를 주었다.

떨리는 손으로 "내 마음에 향기가 날 때"를 써서 내밀었다. 사진사는 글씨 한번, 내 얼굴 한번을 쳐다보더니 고개를 갸우뚱하며 알았다고 하는데 얼굴이 달아올랐다.

미소를 띠었으면 좋았을 텐데 사진 속 내 얼굴은 새초롬하다. 그걸 찍어놓고 대견한 듯 보고 또 보았다. 믿고 싶은 것만 믿고 인정하면서. 손에 넣은 작은 기쁨을 누리는 건 얼마간의 유쾌함을 지나 서정성 같은 것으로 남는 걸까?

춤을 추고 난 아이의 얼굴이 충만해 보인다. 동작이 많아서인지 어느 부분만 흥얼거리며 따라 한다. 표정과 동작이 귀여운 그 애. 다음에는 아이브의 「I AM」을 하겠단다. "하루하루마다 색이 달라진 느낌. 밝게 빛이 나는 길을 찾아…."

계절의 길목마다 마음속에 와닿는 색깔이 다르듯이 향기 또한. 누구든 오랜 세월이 지나 지난날을 돌아보면 어느 시점에서 향기 몇 점은 건져 올릴 수 있으리라. 사진첩 속에 들어있는 내 얼굴이 나를 바라본다. 꼭 다문 입이 할 말이 있다며 입을 떼려고 한다.

향이

📖 다시 강아지를 키우려니 내키지 않았으나 아들이 간절히 원했다. 마침, 지인이 훌륭한 견주(할머니)라며 소개해 줬다. 8평 임대아파트에 사는 할머니집에는 비슷한 얼굴의 강아지가 8마리 있었다. 워낙 강아지를 좋아해서 오랜 기간 자식같이 키우며 모두 가족이라고 했다. 강아지의 조모를 비롯하여 손녀까지 3대가 좁은 공간에서 어떻게 지내는지 짐작이 가지 않았다.

우리가 데리고 올 강아지는 태어난 지 한달 되었단다. 남편과 아들은 귀여운지 안아보는데 나는 징그러워서 흘끗 보고만 있었다. 강아지는 태어난 지 40일이 지나야만 젖을 떼므로 열흘 있어야 데리고 갈 수 있단다. 좋아하지도 않는데 잘 키울 수 있을까 걱정하니 힘들면 다시 데리고 와도 된단다. 당신이 직접 주사 놓고 미용하며 웬만한 건 모두 해결할 수 있는 강아지 전문가라고 하셨다.

강아지가 우리집에 온 날은 꽃향기가 가득한 봄이었다. 키우기로 한 것만으로도 선심을 썼다고 생각하며 이름을 '향(香)'으로 지었다. 낯선 환경에 적응하도록 챙겨야 하는데 그러질 못했다. 얼마간 강아지 본가인 할머니댁을 드나들었고 우리 집에 온 지 두 달이 지났는데도 이쁘지 않았다. 이가 나서 깨물려고 하면 신경이 머리끝까지 곤두섰다. 낮에는 집에 사람이 없고 저녁때 와 보면 대소변 냄새가 진동해서 눈살을 찌푸렸다. 외로워서 반항한 걸까? 아니면 우리 모두에게 사랑받고 싶은데 나만 무심해서 화가 나는지 마주치면 달려와 물려고 해서 겁이 났다. 엉겁결에 발로 차기라도 하면 가족들이 실망하는 눈빛을 보내서 민망했다.

아들이 유년기였을 때 하도 졸라서 며칠 키운 적이 있다. 우리 가족이 감당하지 못하는 걸 본 조카가 자기가 키운다고 해서 보낸 경험이 있다. 이번에 또 비슷한 일이 생기면 안된다. 그렇다고 뾰족한 해결책이 없었다. 강아지 두마리를 키우며 행복해 하는 올케한테 푸념했더니 자기네 집으로 보내면 길들여서 보내겠다고 했다.

강아지가 대구로 떠나는 날, 교육 잘 받고 오라며 자기 물건들을 꺼내자 불안했는지 밖으로 나가지 않으려고 이리저리 도망다녀서 미안했다. 거슬렸던 향이가 떠나서 홀가분했으나 어떻게 지내는지 자주 안부를 물었다.

어느 날, 올케가 자기네 강아지 두 마리와 향이를 한껏 꾸며서 찍은 사진을 보냈다. 얼마나 정성을 들였는지 하얀 털이 빛났다.

초롱초롱한 눈에 원색 옷을 입히니 저렇게 예쁘구나!

사랑받고 있었다. 한눈에 반한다는 말이 바로 이건가? 그동안 향이를 눈여겨 바라본 적이 없었다. 관심과 사랑을 가지고 키운 올케가 고맙고 향이에게 미안했다.

남동생은 셋 중에서 향이가 가장 눈이 또렷하고 활발해서 좋다고 했다. 당장 달려가서 안고 싶었다. 보고 싶어서 눈물까지 나왔다. 이럴 줄 몰랐다. 그동안 강아지한테 자기 딸이라고 하거나 생일상을 차려주는 사람을 이상하게 보았는데….

올케한테 곧 데리러 간다고 했다. 대구에 몇 개월 있는 동안 중성수술도 시켰고 예쁘고 순한 모습으로 바뀐 향이! 정이 들어서 보내기 싫어했던 동생네 가족들.

가을바람이 살랑이는 날, 향이를 안았다. 따뜻한 체온을 느끼며 선물을 받은 듯이 기뻤다. 자식처럼 생각하고 대하니 우리 가족의 기쁨이 되었다. 아이 키울 때처럼 대소변 보는 게 신기하고 대견해서 우리 향이, 장하다며 칭찬이 늘어갔다. 말을 걸고 눈을 맞추면서 고맙다는 말이 저절로 나왔다. 미용하고 나면 피곤해서 땅에 턱을 대고 빤히 쳐다볼 때면 더 예뻤다. 목욕시키면서 부드러운 털을 만지면 마음이 유연해져서 그 시간을 기다렸다. 강아지가 나를 이렇게 변화시키다니! 향이를 통해서 인간관계나 삶의 태도에서 생기는 아집과 편견에 대해서도 한번 더 생각하게 되었다. 잘 키우려고 1주일간 강아지 훈련 교육을 받고 TV로 관련 프로그램도 시청했다. 강아지에게 중요한 건 '분리불안.' 즉 혼자 두지 않기와 먹는 것만큼 산책이 중요했다. 지식없이 강아지를 키우려는 건 운전면허없이 운전하려는 것과 다름없다고 배웠다. 매일 산책하는 강아지는 스트레스가 없으므로 장난감이 필요 없단다. 교육을 받고 난 후부터 하루도 빠짐없이 산책했다. 비가 오면 피할 수 있는 장소를 찾아서 다녔다. 향이 어디 있니? 산책하러 가자고 하면 쪼르르 달려왔다.

호사다마(好事多魔)라고 어스름 무렵, 산책길에서 큰일을 당했다. 우리 뒤에서 급히 지나가던 고등학생의 킥보드에 향이 목줄이 걸렸다. 순식간에 일어난 일, 향이가 축 처져서 누워있었다. 남편한테 전화를 걸어놓고 말이 나오지 않았다. 가해자도 자기 엄마한테 전화하는 듯했다. 병원에서 만난 그의 부모님은 어찌 이런 일이 일어났는지 죄송하다고 했다. 내일 아침 일찍, 아들이 대학입시 음악 실기시험인데 큰일이라고 해서 집으로 보내라고 했다. 그들과 병원에서 1시간 넘게 말없이 앉아 있었다. 이대로는 안 돼. 향이가 깨어나기를 기다리며 애를 태웠다. 킥보드 쇠에 머리 급소가 부딪혀서 결국 소생하지 못했다. 이제 겨우 8살인데….

그의 어머니는 아들이 알면 충격을 받고 죄책감에 빠질 거라며 당분간 비밀로 한단다. 그럴 수 있겠다 싶어서 강아지가 소중하고 귀하지만 어찌 사람만 하겠느냐며 아드님 잘 다독이고 시험 잘 보길 바란다고 했다. 선연(善緣)이 아닌데 쉽게 그 말이 나왔으니 향이가 이 사실을 안다면 얼마나 섭섭해 할까?

장례식장에 가기 전에 우황청심환을 먹어서인지 잘 견뎠다. 함께 해서 행복했고 고마웠던 날들. 국화 세 송이와 함께 보냈다. 몸무게가 2.3kg을 넘은 적이 없어서 뼈가 조금이었다. 한평생 같이 살 거라고는 생각지 않았으나 한동안 멍했다. 요즈음은 향이와 비슷한 크기의 강아지를 만나면 예뻐서 한참을 쳐다본다.

혼자만 알고 있는 약속일까

 2010년 7월, 제1회 경기도의 기네스북 끼네스(GGuinness) 등재를 위한 사람을 찾는다고 했다. '이것만은 경기도에서 내가 최고'라고 자부하는 도민이나 단체가 참여할 수 있다. 참여대상은 한집에 가장 많은 세대가 살거나, 헌혈을 가장 많이 한 도민, 자원봉사를 가장 많이 한 도민, 일기를 가장 오래 쓴 도민 등이다. 일기를 가장 오래 쓴 도민! 반가웠다. 좋은 기획 같아서 담당자한테 전화했다. 어떻게 일기 분야를 넣었느냐며 수고 많다고 하니 혹시 오랫동안 일기를 쓰고 있느냐고 물었다. 37년째라고 말하고는 전화를 끊었다. 신청할 의사는 없었기에 잊고 있었다. 접수 기간이 마감되어 갈 즈음에 담당자가 전화해서 "아직 접수가 안되었던데 신청하실 거죠?" 신분이 노출되는 게 싫어서 신청하지 않겠다고 했다. 며칠 후 "접수한 사람은 있는데 여사님이 최고 오래 쓰고 있다며 꼭 신청해 달라"고 부탁했다. 대상자를 제대로 발굴하려는 마음이 느껴졌다.

그 시기, 직장에서 인사 비리, 부정부패 등으로 연일 언론에 나쁜 소식이 보도되었다. 직원들은 사기가 떨어졌고 사무실 분위기가 어수선했다. 머리로는 소신껏 일하면 된다고 하면서도 나도 조금 흔들렸다. 언제쯤 가야 평온한 일상으로 돌아올까 불투명했다. 이를 탈피하는 방법이 없을까 했던 때였던지라 혹시 이게 좋은 징조?

눈앞의 상황에서 벗어나 멀리 바라보며 신청했다. 한달 후에 일기를 쓰는 장면을 찍어서 사진을 보내라고 했다. 야단스럽다고 생각되어 취소한다고 하니 아들이 인증에 필요한 거라며 말렸다. 마음먹었으니 해달라는 대로 하는 게 당연한데 까칠하게 군 걸까?

처음으로 기획한 업무라 변수가 있었는지 생각보다 일이 더디게 진행되었다. 여름에 신청받아서 가을에 인증서수여식이 있었다. 그날 행사장으로 일기장을 몽땅 가지고 오라고 했다. 실제로 쓰고 있는지 못미더워서가 아니라 확인이 필요했으리라. 총 21개 분야에서 최고라는 사람들이 모였다. 헌혈 375회, 자격증 취득 53개, 9살 미용사 등 주변에서 흔하게 볼 수 없는 사람들이다. 많은 언론매체가 와 있었다. 한사람 한사람 인증서를 받고 나자 인터뷰하자며 몇몇 기자들이 다가왔으나 머뭇거렸더니 나중에 자세히 취재할 거라며 연락하겠다고 했다. 주최 측에서 애를 쓴 것인데 아쉬운 점이 있었다. 학생들이 참여했으면 신선한 자극을 받을 수 있을 텐데 인증서 받는 사람 가족들만 모였다. 나

는 일기를 최장기간 써서 상을 받았다. (52년째 쓰고 있다)

지금까지 써 온 일기 대부분은 생활 이야기다. 힘들 때는 푸념하다가도 '그럼에도 불구하고', '그러나'를 언급하며 자신을 도닥거렸다. 어떤 상황이 마음대로 되지 않으면 지금은 자기 실험 중이니 잘 견뎌내야 한다며 자신을 응원하는 습관이 있었다. '그래서'를 쓰며 변명한 내용은 찾아보기 어렵다.

행사가 끝난 다음날, 산책하고 있는데 KBS 아침마당에서 취재하고 싶다고 전화가 왔다. 집으로 찾아오겠다는데 전화한 사람의 심정은 생각하지 못하고 공직에 있어서 안된다며 거절했다. 남편은 "괜찮은 것 같은데 하지." 했지만.

이후 MBC방송국, 지방신문사 몇 곳에서도 연락이 왔지만 잠깐 고민하다가 응하지 않았다. 제2회 행사를 위해 3월 초에 도청 홍보팀에서 연락이 왔다. 이번에는 SBS방송국에서 일기에 관심이 많다며 인터뷰하고 싶단다. 공적으로나 사적으로 튀는 것 원하지 않는다고 하니 좋은 쪽으로 생각하란다. 진실로 대하는 사람은 진실로 대해야 하므로 장기출장 다녀오면 만나자고 했다. 그래놓고는 또 안된다고 하면서 퇴직하면 방송국에 전화하겠다고 단호하게 말했다. 어느 사이 은퇴한 지 5년째다. 취재하자고 요청받은 후 15년이 되었다. 그때의 기자는 잊었을 것이다. 기다릴 리도, 찾을 리도 없으리라. 아마도 혼자만 기억하고 있는 약속일 수도 있다. 어떤 방법으로든지 마무리 짓고 싶다.

일상 중에 건질 만한 사연이 있을까? 내 삶의 톱니바퀴에 누군가의 기운이 얹혀서 좋은 영향력이 될 수도 있으니 약속을 지키는 게 맞겠지?

화전놀이

📖 내가 어렸을 때, 우리 마을 어른들은 봄이면 야외로 화전놀이를 갔다. 농사일이 바빠도 그날 하루는 밖에서 즐겼다. 어느 해 봄날, 엄마도 친구분들과 화전놀이를 가셨다. 모두 벚꽃 아래에서 활짝 웃으며 사진을 찍었다. 낭만적으로 보였고 근심이라고는 조금도 없는 듯했다. 꽃에게 예를 차리려고 그러셨을까? 그날 대부분의 엄마들은 한복을 입어서 우아하고 멋스러운 모습들이었다. 「한국세시풍속사전」을 보니 화전놀이는 삼월 삼짇날 교외나 산 같은 경치 좋은 곳에 가서 음식을 먹고 꽃을 보며 노는 꽃놀이다. 여성들이 진달래꽃으로 화전(花煎)을 지져 먹고 가무를 즐기는 놀이로 신라시대부터 시작되었다. 마을 엄마들은 꽃으로 전을 부쳐서 먹지는 않고 꽃 아래에서 노래 부르고 춤추며 놀았다고 하셨다. 매년 벚꽃이 필 때면 엄마가 친구분들과 함께 찍었던 사진 속 환한 얼굴이 떠오른다. 4월이 되면 집 근처 벚나무를 보며 언제 꽃이 필까 기다린다. 지역별로 다르지만 관찰해

보니 벚꽃은 보통 4월 초에 피어서 일주일 정도 절정을 이룬다. 요즈음에는 어디를 가도 벚꽃이 흔하나 동네에서 피는 걸 먼저 보고 싶다. 이번에는 벚꽃이 피는 시기에 고향에서 오래 머물 일이 있었다. 그곳에 있다가 오면 동네 벚꽃이 지면 어쩔까 했는데 내 마음을 아는 듯 꽃이 예년보다 일주일 정도 일찍 피었다.

　1년 만에 만난 꽃이라 반가웠고 장하다며 말을 걸었다. 오래 못보더라도 서운해 하지 말고 예쁜 자태 마음껏 뽐내라고 말했다.

　고향에 도착하니 신작로와 제방에도 벚꽃이 피어있다. 바람에 날리는 꽃잎을 따라가며 발랄한 소녀가 되어본다. 바람이 있다면 벚꽃이 한꺼번에 피었다가 우르르 떠나지 않았으면 좋겠다. 꽃잎을 밟으면 꽃에게 미안하다. 그런데도 꽃은 자기는 멍들지 않으니 마음껏 밟아도 된다고 말하는 듯하다. 고향에 있다가 집에 오니 대부분의 벚꽃은 지고 잎이 나와있다. 다행히 조금 늦게 피는 왕벚꽃이 차례를 기다렸다는 듯이 피어 있다. 왕벚꽃 앞에서 걸음을 멈춘다. 의연한 꽃나무는 오래도록 곁에 있을 거라며, 꽃이 필 때만 많이 보려고 욕심부리지 말란다. 자기에게 관심을 가지고 계절에 따라 변화하는 모습을 지켜봐 달라고 한다. 꽃이 필 때만 보지 말라고? 벚나무의 생애를 관찰하면 마음에 변화가 생길까? 꽃처럼 마음이 활짝 피어나는 듯 발걸음이 가볍다. 다른 장소에도 일반 벚꽃 사이에 왕벚꽃을 심어서 때맞춰 꽃을 보지 못한 사람들이 볼 수 있으면 좋겠다. 만개한 꽃과 몽우리가 피는 걸 동시에 바라보며 기다림과 인내하는 습관을 기르고 싶다.

　어느 날엔가 햇볕 가득한 날, 벚꽃 아래에서 현기증을 느낀 적이 있다. 나만 그런가 싶어 주위를 살펴보았다. 카메라를 메고 사진 찍는 사람들이 있었다. 이들은 아름다움에 빠져서 멋져 보이는데 난 왜 멀미가 난 듯 어지러운지 의문이 든다. 그러나 달밤에 벚꽃을 보면 마음이 차분해진다. 햇볕이 그를 영글고 탄탄하게 한다면 달빛은 그를 은은하게 감싸며 수줍은 모습으로 있게 해 준다. 꽃이 무리로 있든 한그루로만 서있든 누구와 함께 보는가가 중요하다. 혼자 즐기기 아까운 건 다른 분들도 마찬가지겠지? 내년에는 벚꽃이 만개하면 예전의 엄마들처럼 우아한 옷을 입고 마음 맞는 사람과 함께 꽃을 보려고 한다. 벚꽃이 가득한 곳 근처에 돗자리를 깔고 간단한 음식과 꽃차를 마시며 가슴에 한잎 두잎 꽃잎을 얹어보리라.

나의 이름표

펴 낸 날 2025년 8월 29일

지 은 이 황연희
펴 낸 이 이기성
기획편집 최인용, 서해주, 권희연
표지디자인 최인용
책임마케팅 이수영, 김정훈
펴 낸 곳 도서출판 생각나눔
출판등록 제 2018-000288호
주 소 경기도 고양시 덕양구 청초로 66, 덕은리버워크 B동 1708, 1709호
전 화 02-325-5100
팩 스 02-325-5101
이 메 일 bookmain@think-book.com

- 책값은 표지 뒷면에 표기되어 있습니다.
  ISBN 979-11-7048-680-0 (03810)

Copyright ⓒ 2025 by 황연희 All rights reserved.
· 이 책은 저작권법에 따라 보호받는 저작물이므로 무단전재와 복제를 금지합니다.
· 잘못된 책은 구입하신 곳에서 바꾸어 드립니다.